분 초 형
인 간

분초형 인간

초판 1쇄 인쇄일 2024년 9월 11일 • 초판 1쇄 발행일 2024년 9월 20일
지은이 김유진
펴낸곳 도서출판 예문 • 펴낸이 이주현
등록번호 제307-2009-48호 • 등록일 1995년 3월 22일 • 전화 02-765-2306
팩스 02-765-9306 • 홈페이지 www.yemun.co.kr

ISBN 978-89-5659-488-0 03190

김유진 지음

분초형
인간

분초 사회에서 1분의 가치를 100배로 만드는 방법

디지털 네이티브 세대를 위한
시간관리 혁명

늦은 오후, 하루의 소용돌이가 잠시 멎은 듯할 때면 나는 종종 카페로 향한다. 휴대폰만 손에 쥐고 찾은 그곳에서 아메리카노 한 잔과 함께 잠시나마 평온을 찾고자 한다. 하지만 그 평화도 잠시, 휴대폰이 요란하게 울어댄다.

쉴 새 없이 울리는 메신저 알림, 확인을 재촉하는 문자와 이메일, 그리고 끝없이 펼쳐지는 SNS의 세계. 이 모든 것들이 내 휴식을 순식간에 앗아간다. 아마도 여러분 역시 이런 상황에 무척 익숙할 것이다.

한때 우리는 한 가지 일에 몇 시간씩 집중할 수 있었고, 방해 없이 사색에 잠길 수 있었다. 공원 벤치에 앉아 책을 읽으며 느릿한 시간의 흐름을 만끽하기도 했다.

하지만 요즘 우리는 어떠한가? 스마트폰의 유혹 속에서 고작 한두 시간 집중하기도 힘겨운 처지다.

과거의 여유로움과 현재의 분주함을 견주어보면, 시간관리의 중요성이 더욱 절실히 와닿는다. 예전에는 시간이 수도꼭지에서 조용히 떨어지는 물방울 같았다면, 지금의 시간은 제대로 다스리지 않으면 순식간에 급류가 되어 우리를 휩쓸고 지나간다. 나 역시 유튜브, 인스타그램, 스레드 같은 SNS에 잠깐 접속했다가 어느새 몇 시간이 훌쩍 지나 있는 걸 발견하고는 깜짝 놀란 적이 한두 번이 아니다.

디지털 네이티브의 역설

디지털 혁명의 한가운데서 태어나고 성장하며, 디지털의 도움으로 활용 가능한 시간이 넉넉할 것 같은 세대가 역설적이게도 역사상 그 어느 세대보다 시간에 쫓기는 아이러니한 상황.

겉으로 보기엔 인터넷 검색 한 번으로 어떤 질문에 대한 답이든 쉽게 얻을 수 있는 시대인 데다, 스케줄 관리를 도와주는 다양한 앱들이 업데이트되는 세상이다. 그러나 실상은 끊임없이 쏟아지는 정보, 바로바로 답해야 할 것만 같은 즉각적인 커뮤니케이션 매체, 사방에 널려 있는 디지털 방해요소들로 인하여 시간관리는 과거보다 오히려 더 어려워졌다. 특히 태생적으로 이러한 디지털 환경에 노출되어 온 Z세대들은 더욱 그렇다.

오늘날 시간관리는 단순히 업무를 빨리 처리하고, 효율적으로 살기 위한 기술이 아니다. 산만한 자극들로 가득한 세상에서 내 시간을 주도적으로 활용하고, 스스로 삶의 주인으로 서기 위한 방법이 되어가고 있다.

왜 '분초형 인간'인가

이 책은 분초 사회의 개념에 주목한다. 분초 사회란 《트렌드코리아 2024》에서 소개된 개념으로, 매 순간을 최대한 활용하고자 하는 현대인들의 라이프스타일을 지칭한다.

분초 사회의 본질은 시간과 관련되어 있다. 유튜브 영상은 1.5배속 이상으로 시청하고, 드라마는 몰아보기로, 영화는 요약본으로 대체한다. 마찬가지로 2024년 소비 트렌드로 꼽힌 '디토 소비_{남을 따라 소비를 결정하는 것}' 역시 시간을 아끼고 실패를 줄이기 위한 방식이다.

한 마디로, 1초라도 아끼고 시간의 밀도를 높여 최대의 효율로 살아가려는 우리의 모습이 '분초 사회'라는 트렌드 용어에 담겨 있다.

이 책에서는 이처럼 치열한 분초 사회를 살아가는 이들을 '분초형 인간'이라 부르고자 한다. 분초형 인간은 매 순간을 쪼개어 활용하며, 효율성을 극대화하기 위해 노력한다. 출근길에 온라인 강의를 들으며 뉴스를 훑고, 운동하면서 SNS를 하고, 예약 앱이나 웨이팅 앱으로 시간을 아낀다. 그리고 이렇게 시간을 절약한 데 대해 돈을 아낀 것 이상의 만족감을 느낀다.

하지만 이런 생활 방식이 극단으로 치달으면 자칫 번아웃으로 이어질 수 있다. 우리가 분초 사회의 시간관리에서 주목해야 할 중요한 부분이 바로 이 지점, 생산성과 웰빙 사이의 균형이다.

이 책에서는 그런 의미에서 신체적·정신적 부하 없이 최대한의 능률을 끌어내는 습관을 제안할 것이다. 또한 번아웃되지 않고 적절한 에너지를 유지하기 위한 방법에 대해서도 알아본다.

우리의 목표는 단지 시간의 밀도를 높이고 효율성을 극대화하는 것을 넘어, 삶의 질을 향상시키는 데 있다. 더 많은 일을 해내는 것이 아니라, 중요한 일을 더 잘 해내는 것. 시간을 통제함으로써 더욱 풍요롭고 충만한 삶을 사는 것. 그것이 바로 우리가 추구해야 할 방향이다.

시간은 모든 이에게 공평하다. 하루 24시간, 누구에게나 똑같이 주어지는 것이 시간이다. 디지털 시대에도 이 진리는 여전하다.

오늘도 열 개, 스무 개가 넘는 공을 한꺼번에 저글링하면서 떨어뜨리지 않으려 치열하게 살고 있는 여러분과 함께, 성공적인 분초형 인간의 삶으로 가기 위한 방법을 탐구해 보고자 한다.

목 차

제 1 장　초 단위의 시대, 당신의 하루는 재정의되어야 한다

제 2 장　조각낼수록 늘어나는 시간 확장의 연금술

초 단위의 시대,
당신의 하루는
재정의되어야 한다

'마이크로 모먼트'와
시간 감각의 변화

과거, 그중에서도 특히 어린 시절로 돌아가는 이른바 '회귀물'이 유행이다. 그런 작품을 볼 때면, 종종 이런 상상을 해 본다. '만약 내가 초등 저학년 시절로 돌아간다면?' 그러다 곧 '글쎄, 지루해서 못 견딜 거야'라는 결론에 이르곤 한다. 스마트폰이 상용화되기 전에 어린 시절을 보낸 분들은 공감할 것이다. 디지털 시대 이전, 시간의 흐름은 지금과 사뭇 달랐다. 사람들은 하루를 오전, 오후, 저녁, 밤 정도로 느긋하게 나누어 인식했고, 각 시간 단위마다 한 가지 작업에 몰두하는 것이 일반적이었다.

예를 들어, 할머니는 오전 내내 같은 이불을 꿰맸고, 할아버지는 오후 내내 먹을 갈고 글을 썼다. 해가 기울면 다 같이 밥을 먹고, 해가 떨어지면 모두 잠자리에 들었다. 텔레비전조차 아침 방송이 끝나면 한동안 쉬었다가 저녁 무렵에야 오후 방송을 시작했던 기억이 있다.

그렇게 아침부터 밤까지 예측 가능한 패턴으로 흘러갔던 과거와 달리, 현대인의 하루는 비교할 수 없이 복잡하고 분주하다. 매일 아침, 나는 눈을 뜨자마자 휴대폰 알람을 끄고 침대에 누운 채 부재중 메시지들과 이메일을 확인한다. 사무실 엘리베이터를 기다리는 동안 캘린더 앱을 열어 일정을 복기하고, 커피를 사러 가거나 점심식사를 하러 가는 중간중간 포털 사이트에서 뉴스를 훑는다. 하루 종일 수시로 도착하는 메시지와 알림은 노트북이나 스마트폰, 스마트워치로 그때그때 확인하고, 퇴근길에는 팟캐스트를 듣는 동시에 SNS를 보거나 쇼핑을 한다.

이처럼 나의 하루는 일어나기도 전에 메시지, 업무, SNS, 숏폼 콘텐츠를 동시에 저글링하는 것으로 시작해 빈 시간 없이 '무언가'로 채워져 있다. 그리고 그 '무언가'의 대부분은 몇 초에서 몇 분 정도의 짧은 시간 사이에 이루어진다. 이는 비단 필자만의 이야기는 아닐 것이다.

지구 반대편에 있는 사람과도 실시간으로 대화하고, 어지간한 정보는 즉시 확인할 수 있는 세상이다. 불과 십여 년 전만 해도 상상할 수 없었던 디지털 기술과 도구들이 등장함에 따라 업무의 속도와 효율 또한 비약적으로 향상되었다. 오늘날 현대인의 일상에서는 많은 일이 동시다발적으로 진행되며, 매 순간 주어지는 자극 하나하나에 주의가 요구된다. 각종 알림, 뉴스 속보, SNS 콘텐츠 등 온갖 정보는 물론, 개인 및 업무 관련 연락 등이 거의 실시간으로 전달되기 때문이다. 이에 신속히 반응해야 한다는 책임감과 압박 또한 크다.

그 결과 우리는 빈 시간을 견디는 인내심을 잃고 말았다. 잠깐의 대기 시간에조차 스마트폰을 꺼내 일상적으로 정보를 소비한다. 이처럼 빈 시간, 즉 아무것도 하지 않는 시간은 사라지고, 그 대신 끊임없이 '무언가' 하는 짧은 순간들이 생겨남에 따라 우리의 시간관념에도 변화가 생겼다.

과거에 시간은 낮과 밤, 계절 같은 자연 주기에 따라 고정되고 선형적인 것이었다. 이와 대조적으로, 디지털 세계에서 시간은 동적이고 혼란스럽다. 짧은 순간순간으로 단편화되어 있으며, 한 치 앞을 예측하기 어려운 데다, 디지털 특유의 즉각성으로 인해 점점 더 빨라지는 듯한 느낌마저 든다.

세상에 없던 '시간'의 등장

"그곳에, 쓸모 있고, 신속하게 존재하라. Be There, Be Useful, Be Quick."

2015년 구글이 '마이크로 모먼트Micro-Moments'라는 개념을 제시하며 내건 슬로건이다. 마이크로 모먼트란, '원하거나 필요로 하는 것을 당장 행동으로 옮기기 위해 디바이스(주로 스마트폰)를 사용하는 순간'을 말한다. 즉, 잠시 스마트폰을 꺼내서 SNS 피드를 훑거나, 도착지까지 경로를 확인하거나, 이메일을 열어보는 짧은 시간을 일컫는다.

아날로그 시대에는 존재하지도 않았을 이런 순간들이 이제는 우리 삶의 한 부분이 되었다. 주위를 한번 둘러보자. 슈퍼마켓 계산대 앞에서 기다릴 때, 화장실에 들렀을 때, 잠시 한가해진 순간이나 지하철을 기다리는 짧은 시간 동안 휴대폰을 만지작거리지 않는 사람을 찾기가 더 어렵다. 각자의 앱을 열어 보라고 유혹하는 메신저 알림, 푸시 알림, 띵동 소리와 진동 등 수많은 노이즈가 우리의 주의를 끌기 위해 치열하게 경쟁한다.

마이크로 모먼트는 우리의 일상을, 특히 시간을 경험하고 활용하는 방식을 완전히 바꿔 놓았다. 예컨대, 많은 이들이 필요한 순간에 즉시 물건을 구매할 수 있게 되면서 쇼핑 시간이 획기적으로 단축되는 경험을 했다. 또한 언제 어디서나 필요한 정보를 즉각적으로 찾을 수 있게 되어 의사결정의 속도가 빨라졌을 뿐만 아니라, 자투리 시간조차 생산적으로 활용할 수 있게 되었다.

앞서 소개한 "그곳에, 쓸모 있고, 신속하게 존재하라"는 말은 즉각성, 유용성, 신속성이라는 마이크로 모먼트의 특징을 함축적으로 보여준다. 즉, 순간순간 즉각적으로, 유용한 정보나 필요한 작업을, 지체 없이 빠르게 충족시켜 주는 짧은 순간이 바로 마이크로 모먼트다.

구글은 이 개념을 브랜드와 소비자 간의 중요한 접점이라는 마케팅적 관점에서 제시하고 조명했다. 그렇다면 기업이나 소비자의 입장이 아닌, 개개인의 일상적 삶의 측면에서는 어떻게 바라볼 수 있을까?

구글의 2015년 자료에 따르면, 우리는 평균 1분 10초씩, 하루 총 150회에 걸쳐 스마트폰을 확인한다. 잠깐씩 스마트폰을 확인하는 데 매일 3시간 가까이를 쓰는 셈이다. 게다가 29%의 사람들은 마이크로 모먼트 내에 필요한 정보를 얻지 못할 경우, 즉시 다른 사이트나 앱으로 이동하는 것으로 나타났다. 정보를 소비하고 빠르게 전환하는 작업이 불과 1분 내외의 짧은 시간 안에 이루어지는 것이다.

《주의집중 시간Attention Span》을 쓴 캘리포니아 대학교 글로리아 마크 교수에 따르면, 이 같은 작업 방식은 생산성과 시간 감각 모두에 영향을 미친다. 짧은 활동과 빠른 전환이 지속적으로 일어나다 보니 한 가지 일에 깊이 몰입하거나 온전히 집중하기 어려워지고, 시간이 더 빠르게 흐르는 것처럼 느끼게 된다. 실제로 우리의 주의집중 시간은 눈에 띄게 감소했다. 2004년에는 한 화면에 집중하는 시간이 평균 2.5분이었으나, 몇 년 후 75초로 감소했고, 오늘날에는 47초에 불과하다고 마크 교수는 밝혔다.

단편적이면서도 개별적인 1분 10초씩짜리 작업을 무려 150회씩, 그것도 매일 반복한다면 시간 감각이 그에 맞춰 변화하지 않을 수 없을 것이다. 집중력과 주의력마저 줄어든 상황에서는 더욱 그렇다.

바로 이 지점에서 시간관리에 대한 새로운 접근법이 절실히 요구된다. 과거의 시간관리는 엄격한 일정, 철저한 계획성에 기반한 것이었다. 그에 비해 끊임없는 방해와 빠른 응답이 요구되는 오늘날에는 갑자기 발생할 수 있는 긴급한 작업, 하루 종일 울리는 알림과 예상치 못한 변동 사항에 언제든 유연하게 대처할 수 있는 시간관리 기술이 필요하다. 변화된 세상에 맞춰 시간을 대하는 방식을 바꾸고, 짧은 시간이라도 집중력을 유지하며, 나아가 고도로 몰입하는 기술을 익혀야 한다.

다시 말해, 짧고 산만한 시간 속에서 집중력을 유지할 수 있는 전략, 초 단위의 시간을 생산성으로 전환하는 방법을 터득해야 한다.

시간관리의
딜레마

민지 씨의 하루는 스마트폰을 열어 이메일과 메시지를 확인하는 것으로 시작된다. 회사에서는 업무 처리와 동시에 PC용 메신저 앱을 모니터 한쪽에 띄워놓고 여러 사람과 소통한다. 팀원들, 거래처 담당자, 친구들과의 대화방이 모니터 상에 여러 개 열려 있다. 회의 중에도 거래처에서 전화가 오고, 온라인 쇼핑 앱의 할인 알림이 울린다. 점심 식사 중에는 개인적인 일들을 처리한다. 그렇게 시간이 흘러 퇴근 무렵이 되면, 많은 일을 했음에도 어느 하나 제대로 집중하지 못한 탓에 깊은 피로감에 빠지곤 한다.

클라우드 컴퓨팅 기업 드롭박스가 글로벌 리서치 기관 이코노미스트 임팩트에 의뢰한 조사 결과는 현대인의 시간관리 실태를 적나라하게 보여준다―전 세계 지식근로자의 42%가 방해 없이 생산적인 업무에 집중하는 시간은 고작 한 시간도 채 되지 않는다. 비생산적인 회의에 매년 79시간을 소모하고, 직장 내 채팅 앱 때문에 157시간을 더 낭비한다. 메신저나 이메일 같은 주의 산만 요소로부터 집중력을 되찾는 데 소요되는 시간은 호주인과 영국인의 경우 131시간, 한국인은 연평균 112시간에 달했다. 자신도 모르는 사이에 시간이 증발하고 있는 셈이다.

이러한 상황에서, 시간을 최대한 효율적으로 활용하기 위한 노력들이 어떤 역설적인 결과를 초래하고 있는가를 살펴보는 것은 매우 중요하다.

지름길인 줄 알았는데 함정이었다니!

인지 과부하

인간의 두뇌는 놀라운 능력을 지녔지만, 동시에 분명한 한계도 있다. 뇌가 처리할 수 있는 양을 넘어서는 정보에 노출될 때 '인지 과부하cognitive overload'가 발생한다. 특히 매일 새로운 데이터에 끊임없이 노출되는 디지털 시대에는 이러한 현상이 더욱 두드러진다. 신경과학자 대니얼 J. 레비틴은 그의 저서 《정리하는 뇌The Organized Mind》에서 지속적인 데이터 과부하와 멀티태스킹이 '의사결정 피로'를 유발해 우리의 사고 능력과 집중력을 현저히 저하시킨다고 설명한다.

레비틴에 따르면, 우리의 뇌는 여러 가지 일을 동시에 처리하려 할 때 더 많은 산소와 포도당을 소모한다. 이는 뇌를 빠르게 지치게 만들어 결국 집중력과 효율성을 떨어뜨린다. 또한, 다양한 정보와 작업 사이를 끊임없이 오가는 행위는 '전환비용'을 증가시키는데, 이는 뇌가 새로운 작업을 시작할 때마다 재적응해야 하기 때문이다.

그는 이러한 인지 과부하를 극복하기 위해, 우리의 주의력과 기억 시스템을 보다 효과적으로 활용하는 방법을 제시했다. 예를 들어, 특정 작업에 집중하는 시간을 계획하고, 무의식적 또는 의식적 방해요소를 최소화하는 것이다. 레비틴은 이를 통해 정보의 홍수 속에서도 질서를 유지하고, 생산성과 효율성을 높일 수 있다고 주장한다.

지속적인 주의력 분산

'지속적인 주의력 분산Continuous Partial Attention'은 마이크로소프트와 애플의 전前 임원인 린다 스톤이 제시한 개념이다. 이는 사람들이 무언가를 놓치지 않기 위해 주의를 분산시킬 때 나타나는 현상을 일컫는다. 주로 멀티태스킹을 시도할 때, 그리고 어떤 작업에도 온전히 집중하지 못한 채 여러 일을 부분적으로 수행하려 할 때 나타난다.

스톤은 이것이 멀티태스킹과는 다르다고 설명한다.

"멀티태스킹은 생산성과 효율성 향상을 위한 욕구에서 비롯됩니다. 점심을 먹으면서 서류를 정리하는 등 우선순위 없이 동시에 여러 일을 처리하죠.

반면 지속적으로 부분적인 데에 집중하는 것은, 아무것도 놓치지 않으려는 욕구 때문입니다. 그래서 인지를 요하는 두 가지 활동을 동시에 하는 것입니다. 전화하며 운전하고, 이메일을 작성하며 회의에 참여하고, 식사 중 대화를 나누면서 스마트폰으로 문자를 보내는 식이죠.

이 같은 지속적인 주의력 분산은 언제 어디서나 인위적인 위기감을 조성하는 행동입니다. 우리는 항상 높은 경계 태세를 유지하며, 스스로에게 인지적으로 복잡한 여러 행동을 요구합니다. 주요 과제에 주의를 기울이는 동시에 다른 기회를 놓치고 있지는 않은지 주변을 살피죠. 그렇게 되면, 우리의 변덕스러운 주의력은 초점을 잃고 분산됩니다." 출처: lindastone.net, "단순한 멀티태스킹 그 이상: 지속적인 주의력 분산(Beyond Simple Multi-Tasking: Continuous Partial Attention)" 중에서

지속적인 주의력 분산 상태가 되면 주요 작업에 주의를 기울이는 동시에 다른 사람, 활동, 기회를 끊임없이 탐색한다. 그리고 그 과정에서 순간순간 더 중요해 보이는 일로 작업을 전환하곤 한다. 겉으로는 여러 활동을 동시에 처리하는 듯 보이지만, 실제로는 뇌가 연속적으로 작업을 전환하며 과부하 상태에 놓인다. 이처럼 잦은 전환은 많은 인

지 지원을 소모하여 뇌의 효율성을 저하시킨다.

지속적인 주의력 분산은 인지 기능에 부정적 영향을 미치며, 장기적으로 생산성을 떨어뜨린다. 다른 사람과 대화하면서 휴대폰을 확인하는 경우를 예로 들어보자. '누구를 만나야 하는지, 내 일정은 어떻게 되는지, 이 전화를 받아야 하는지, 이 메시지는 전화로 전할지 카톡으로 보내도 되는지 등'을 파악하는 것은 뇌의 서로 다른 영역을 동시에 사용하는 복잡한 작업이다.

즉, 중요한 일에 집중하면서도 주변에서 일어나는 다른 일들로 주의가 끊임없이 분산되는 것이다.

지속적인 주의력 분산은 성실하게 살아가고자 하는 현대인들이 흔히 겪는 고질적인 문제다. 이를 해결하기 위해서는 '주의력 관리'와 '시간 재구성'을 위한 새로운 접근 방식이 필요하다. 주의가 산만해지지 않도록 노력하고, 한 가지 활동에 일정 시간 집중하거나, 다른 일에 집중하기 위해 특정 작업을 차단하는 등의 방법을 활용할 수 있다.

멀티태스킹

시간에 쫓기는 현대인들은 종종 한 번에 두 가지 이상의 일을 처리하려 한다. 이를 '멀티태스킹multitasking'이라 부른다.

여러분도 집이나 직장에서 모니터 화면을 보면서 전화 통화를 하는 경우가 드물지 않을 것이다. 휴대폰이나 다른 디바이스로 메시지를 보내거나 게임을 하거나 무언가를 검색하면서 동료, 친구 또는 가족과 대화를 하기도 한다. 학교나 직장에서 이메일이나 보고서를 작성하면서, 동시에 온라인 동영상을 보거나 팟캐스트를 듣는 것은 더 이상 특별한 일이 아니다.

그러나 두뇌 발달과 집중력에 관한 연구 결과는 이러한 멀티태스킹의 효과에 의문을 제기한다. 여러 작업 사이에서 주의를 빠르게 전환하는 행위가 오히려 생산성을 저하시키고, 비효율을 초래하며, 실수의 가능성을 높인다는 것이다. 왜일까?

정신과 전문의 에드워드 할로웰 박사는 그 이유를 '주의력 결핍 특성Attention Deficit Trait, ADT'에서 찾는다. 주의력 결핍 장애ADHD와 달리 주의력 결핍 특성은 주로 빠르게 변하는 현대의 업무 환경에서 발생한다. 주의력 결핍 장애는 선천적인 데 반해, 주의력 결핍 특성은 후천적으로 지속적인 주의 산만과 집중 방해에 노출될 때 나타난다는 특징이 있다.

중요한 메시지가 도착하면 잠시 그쪽으로 주의를 기울이지만, 곧 다른 신호가 오면 또다시 주의가 흐트러진다. 그 결과, 하나의 업무에 깊이 몰두하기보다는 여러 업무 사이를 지그재그로 오가며 일을 처리하게 된다. 어떤 일도 제대로 마무리 짓지 못하고, 오히려 더 많은 시간과 에너지를 소모하기 일쑤다.

이처럼 주의가 산만해지면 생산성과 효율성이 현저히 저하된다. 특히 복잡한 작업을 수행하거나 장비, 기계를 다룰 때는 너욱 위험하다. 최악의 경우, 운전 중 통화로 인한 끔찍한 사고 같은 심각한 결과를 초래할 수도 있다.

정리하자면, 우리가 믿고 싶어 하는 것과는 달리, 인간의 뇌는 두 가지 일에 동시에 온전한 주의를 기울일 수 없다는 것이 핵심이다.

멀티태스킹보다 더 생산적인 '짧은 휴식'

한 가지 일에 온전히 집중하지 못하고 여러 일에 주의를 분산시키는 근본적인 원인은 마이크로 모먼트의 축적으로 인한 주의집중력 저하에 있다. 이미 집중력이 떨어진 상태에서 더 많은 일을 잘 해내려는 욕심은 결국 인지 과부하를 초래하고, 이는 다시 지속적인 주의력 분산이나 비효율적인 멀티태스킹으로 이어지는 악순환을 만든다. 이러한 시간관리의 딜레마에서 벗어나기 위해서는 우선 마이크로 모먼트를 되찾는 것부터 시작해야 한다. 이를 위한 효과적인 방법이 바로 '마이크로 브레이크mirco break, 짧은 휴식'다.

핵심은 마이크로 모먼트를 '마이크로 브레이크'로 대체하는 것이다. 이러한 전환을 통해 주의력을 회복하고, 집중과 몰입을 위한 에너지를 재충전할 수 있다.

마이크로 브레이크란, 몇 초에서 몇 분 정도의 짧은 휴식 시간을 말한다. 이는 장시간 앉아 있는 것을 방지하고 신체적·정신적 건강을 유지하는 데 도움을 준다. 연구에 따르면 10분 내외의 짧은 휴식도 긴 휴식만큼 스트레스 관리에 효과적이다.

마이크로 브레이크는 단순한 휴식 이상의 의미를 지닌다. 이 짧은 순간들이 쌓이면, 마이크로 모먼트와는 완전히 반대의 효과를 낸다. 감정 상태를 개선하고, 집중력과 작업 속도를 높이며, 장기 기억력 향상에 기여하는 것이다.

계속해서 스마트폰의 알림을 확인하느라 집중력을 잃고 조급한 마음에 멀티태스킹을 시도하기보다는, 짧은 휴식을 통해 몸과 마음을 재정비하고 뇌를 환기시키는 편이 훨씬 더 효율적이다.

마이크로 '모먼트'를 마이크로 '브레이크'로 대체하는 법

현실적으로, 스마트폰 알림을 완전히 차단하기란 쉽지 않다. 특히 업무상 메신저 등으로 즉각적인 소통이 불가피한 경우가 많기 때문이다. 그러나 알림을 확인하는 순간을 의도적인 브레이크휴식로 전환함으로써 집중력 저하를 최소화할 수 있다.

다음과 같은 방법을 시도해 보자. 알림이 울리면, 즉시 확인하기 전에 5초간 심호흡을 하여 몸과 마음을 안정시킨다. 이렇게 함으로써 알림 확인 자체를 짧은 휴식의 기회로 전환할 수 있다. 알림 확인을 하나의 체계화된 루틴으로 만들어, 주의 분산을 최소화하는 효과적인 방법이다.

알림을 확인한 후 10초 동안 간단한 스트레칭을 하는 것도 좋다. 손목을 돌리거나 목을 가볍게 풀어주는 등의 움직임으로 몸의 긴장을 풀어주는 것이다. 이를 통해 알림 확인을 단순한 정보 수집의 순간이 아닌, 신체적 리프레시의 기회로 전환할 수 있다.

만약 모든 알림을 즉시 확인할 필요가 없다면, 하루 중 특정 시간을 정해 놓고 그때만 알림을 확인하는 것도 좋은 방법이다. 예를 들어, 매 1시간마다 10분의 휴식 시간을 가지되, 그중 2분 동안만 알림을 확인하는 것이다. 이렇게 하면 알림을 확인하는 순간이 산만한 마이크로 모먼트가 아닌, 짧지만 집중된 브레이크 타임으로 변모하게 된다.

마이크로 브레이크, 어떻게 할까?

첫째, 가벼운 운동을 하자. 매시간 5분씩 일어나서 걷거나 가벼운 운동을 한다.

둘째, 스트레칭이다. 30분마다 일어서서 팔, 다리, 등과 허리를 스트레칭한다. 1~2분간의 스트레칭만으로도 근육 긴장을 완화하고 혈액 순환을 원활하게 할 수 있다. (다음 페이지의 '코넬 대학교에서 추천하는 생산성 향상 30분 단위 프로그램'을 참고하자.)

셋째, 깊고 천천히 심호흡을 하면 산소가 뇌에 공급되어 긴장을 완화하고 집중력을 높일 수 있다.

넷째, 물을 마시자. 충분한 수분 섭취는 두뇌 기능을 최적화하고 집중력을 높이는 데 도움을 준다.

다섯째, 창밖을 바라보자. 잠시 동안 멀리 있는 물체를 바라보면 눈의 피로를 줄일 수 있다. 특히 20-20-20 규칙이 유용하다. 미국검안협회가 디지털 기기로 인한 눈의 피로 예방과 완화를 위해 제안한 방법으로, 20분마다 20피트약 6미터 떨어진 곳을 20초 동안 바라보는 것이다. 이 간단한 습관을 통해 눈 건강을 꾸준히 관리할 수 있다.

만약 하루 7.5시간 근무 혹은 공부하는 경우
앉아 있는 시간 : 총 5시간
서 있는 시간 : 총 2시간
움직이며 스트레칭 하는 시간 : 총 30분
→ 결과적으로 16번 앉았다 일어났다 하게 됨

20분은 앉아 있기

매 30분마다

2분은 움직이며
스트레칭하기

8분은 서 있기

코넬 대학교에서 추천하는
생산성 향상 30분 단위 프로그램

출처 : 코넬 대학교 인체공학 웹

Z세대의 갓생,
새로운 가능성을 탐색하는 사람들

유튜브 구독자 99만여 명의 딤디, 20만여 명의 김유진 미국 변호사, 그리고 새니, 규진. 이들의 첫 번째 공통점은 모두 '갓생' 유튜버라는 것이다. 두 번째 공통점은, 내가 주변에 물어본 바로 20대들은 대부분 알지만 40대들은 베스트셀러 작가인 김유진 변호사를 제외하고는 거의 모른다는 점이다. (물론 이는 지극히 주관적인 경험이다.)

김유진 변호사는 《나의 하루는 4시 30분에 시작된다》의 저자다. 이 책을 읽다 보면, 그의 범접하기 어려운 부지런한 새벽 루틴에 자연스레 존경심이 든다. 생각해 보면 '신god'과 '인생生'을 결합한 단어 자체에서 짐작되듯, '갓생'이란 수도승에 버금가는 절제력과 의지력이 있어야 실천 가능한 삶의 방식이다.

이러한 '갓생'을 이토록 많은 사람들, 특히 Z세대가 열렬히 보고 배우고자 하는 모습을 보며, 우리 사회에 삶과 시간관리 방식을 재정의하는 새로운 세대가 등장했음을 실감한다.

디지털 네이티브들의 새로운 시간관리 전략

흔히 '디지털 네이티브'라 불리는 Z세대는 1990년대 중반에서 2010년대 초반 사이에 태어난 세대다. 이들은 이전 세대와 달리 인터넷과 스마트폰, 소셜미디어가 없는 세상을 경험해 본 적이 없다. 끊임없는 연결성이 이들의 세계관과 삶의 방식을 형성했다. Z세대에게 정보는 언제나 손끝에 있으며, 디지털 세계와 물리적 세계의 경계는 유동적이다.

디지털 기기와 밀접한 관계를 맺으며 성장해 온 이 세대는 분초 사회의 혼란을 헤쳐나가는 데 탁월한 능력을 보인다. 단순히 기술에 익숙해서가 아니다. 디지털 네이티브로서의 특성에 맞는, 이전 세대와는 확연히 다른 시간관리 시스템을 개발했기 때문이다.

서울에 사는 22살 대학생 수진 씨의 예를 들어보자. 수진 씨의 하루는 생산성 서비스인 '노션Notion'에서 할 일을 간단히 검토하는 것으로 시작된다. 그녀는 수업 일정, 프로젝트 마감일, 개인 목표를 통합하는 종합 대시보드를 만들었다. 아침 러닝부터 자격증 공부, 팀 활동, 취미생활에 이르기까지 하루 종일 예정된 작업을 상기시켜 주는 알림을 받아 계획대로 일정을 진행한다.

Z세대가 시간관리에 관심을 가지게 된 주요한 이유 중 하나는, 글로벌 정보와 네트워크를 통해 다양한 관심사, 직업, 라이프스타일을 탐색하면서 선택의 폭을 넓히고 기회를 잡고자 하는 욕구가 커졌기 때문이다. 그러나 이렇게 선택지가 늘어남에 따라 우선순위 설정과 효과적인 시간관리의 필요성도 함께 증가했다.

방해요소가 끊이지 않는 세상에서 시간관리 능력은 더 이상 선택이 아닌 필수가 되었다. 이런 맥락에서 '갓생'은 끊임없이 변화하는 세상과 경쟁적인 환경 속에서 Z세대가 고안해 낸 새로운 시간관리 및 자기계발 방법론이라 볼 수 있다.

갓생이라는 새로운 도전

'갓생'이란 말이 등장한 것은 코로나19 팬데믹 시기였다. 집에 머무는 시간이 늘어나면서, 자기계발과 생산성에 대한 관심도 자연스럽게 고조되었다.

〈동아비즈니스리뷰〉의 정의에 따르면, 갓생은 "미라클 모닝이나 오하운오늘 하루 운동, 혹은 바른 생활 습관을 유지하는 것, 또는 자신이 세운 어떤 계획들(공부, 자기계발, 명상, 독서 등)을 온전히 수행해내는 하루를 압축적으로 표현한 것"출처: 〈동아비즈니스리뷰〉 2022년 2월, "자기계발보다 갓생

살기 위하는 세대", 이경민이다. 즉, 하루의 시간과 구조를 세밀하게 관리하고 모든 것을 분 단위로 스케줄링하여, 매 순간을 의미 있게 활용하는 삶의 방식을 의미한다.

일, 공부, 운동, 휴식 등 하루 1440분을 빈틈없이 보내는 이 생활 방식은, 산만함이 만연하고 시간이 늘 부족하게 느껴지는 현대 사회에서 매우 매력적인 모델로 부상했다.

많은 이들이 갓생을 쉴 틈 없이 바쁘게 사는 것이라고 오해한다. 그러나 갓생의 핵심은 일정을 빽빽하게 채우는 데 있지 않다. 중요한 것은 얼마나 많은 일을 했는지가 아니라 그 일의 질과 실제적인 영향력이다.

또한, 갓생의 본질은 소셜미디어에서의 과시가 아니라 자신의 내면적 성장과 진정한 만족감을 추구하는 데 있다. 인스타그램과 같은 플랫폼은 때로 갓생을 일종의 경쟁처럼 보이게 만들지만, 실제로 갓생은 자신과의 약속이라는 점을 기억해야 한다.

필자가 생각하는 진정한 갓생의 조건을 잠시 짚어보고자 한다.

의도적인 삶 진정한 갓생은 일상의 모든 측면을 의미 있게 만드는 것에서 시작된다. 일과 공부는 물론, 여가 활동까지도 개인의 성장, 발전, 그리고 전반적인 웰빙과 긴밀히 연계되어야 한다.

균형 잡힌 일과   일과 휴식, 운동, 취미 활동, 그리고 인간관계 사이의 적절한 균형을 찾는 것이 중요하다. 이는 단순히 시간을 배분하는 것을 넘어서 조화로운 삶을 위한 총체적인 접근을 의미한다.

지속적인 개선   시간이 흐름에 따라 의도적으로 자신을 도전적인 상황에 노출시키고, 끊임없이 새로운 성취를 목표로 해야 한다. 즉, 갓생이란 개인적 성장과 웰빙을 위한 장기적인 약속이다.

자기 모니터링 및 자기 성찰   자신의 목표, 진행 상황, 그리고 전반적인 웰빙 상태에 지속적으로 주의를 기울이며 자신을 객관적으로 바라보는 능력을 키워야 한다. 무엇이 효과적이고 무엇이 그렇지 않은지를 냉철하게 평가하고, 필요하다면 유연하게 목표를 조정하는 것이 중요하다.

그리고 무엇보다도 강조하고 싶은 것은 번아웃에 빠지지 않도록 주의해야 한다는 점이다. 철저하게 계획된 생활, 목표를 향한 헌신에 가까운 삶은 사람을 소진시킬 수 있다. 정신적인 열정과 신체적인 기력, 두 측면의 에너지가 모두 말라버리면 다시 회복되기까지 꽤 긴 시간이 소요된다.

이 책에서는 번아웃을 예방하고 최적의 에너지 수준을 유지하는 방법까지 차차 논할 것이다. 물론, 갓생을 사는 데 도움이 되는 시간관리 방법과 실질적인 조언도 포함된다.

짧아지는 집중력,
새로운 시간활용 전략이 필요한 이유

니콜라스 카는 저서 《생각하지 않는 사람들The Shallows》에서 인터넷이 우리의 뇌에 미치는 영향을 분석하며, 인터넷이 우리를 산만하게 만들고 깊이 있는 사고를 방해한다고 주장했다. 그의 말은 사실일까?

디지털 시대가 도래한 이래, 우리 삶의 거의 모든 영역이 전례 없는 산업적 변혁을 경험하고 있다. 이러한 기술의 진보는 우리가 정보를 접하고 소비하는 방식, 시간을 활용하는 패턴, 그리고 자신의 존재감을 형성하고 표현하는 방식에 이르기까지 광범위한 영향을 미친다. 특히 주목할 만한 변화는 현대인의 집중력이 급격히 감소하고 있다는 점이다.

마이크로소프트 캐나다가 2015년 발표한 '주의 지속시간'에 대한 소비자 연구 보고서에 따르면, 인간의 집중력은 2000년 12초였으나

2013년에는 약 8초로 짧아졌다. 이는 금붕어의 평균 주의 지속시간인 9초보다도 짧은 것이다. 10여 년이 지난 지금은 얼마일지 궁금하다. 아마 더 줄었으면 줄었지, 늘어나지는 않았을 것이다.

현대인의 집중력은 아마도 5분 미만?!

인터넷이 없던 시절에는 대다수 사람들이 하루에 몇 시간씩 한 가지 과제나 활동에 지속적으로 몰입할 수 있을 정도로 집중력 유지 시간이 길었다.

하지만 앞서 언급했듯이 우리의 주의집중 시간은 점점 줄어들고 있다. 앞선 마이크로소프트의 연구 외에도, 2008년 로이드 TSB 보험회사가 영국 셰필드햄럼 대학의 데이비드 목슨 교수와 함께 성인 천 명을 대상으로 조사한 결과, 현대인이 한 가지 일에 집중할 수 있는 시간은 5분 7초에 불과한 것으로 나타났다. 이는 10년 전 같은 조사에서 12분이라는 결과가 나왔던 것과 비교해도 절반 이상 떨어진 수치다.

데이터 분석업체 앱애니의 2021년 발표에 따르면, 특히 한국인의 경우 하루 평균 5시간 동안 스마트폰을 사용하는 것으로 조사되었으며, 이는 전 세계에서 3번째로 높은 수준이다. 스마트폰을 확인하면서 다른 작업을 동시에 수행하는 경우가 많다는 점을 감안하면, 한국인의 주의집중 시간도 세계 평균과 크게 다르지 않을 것으로 예상된다.

주의집중 시간이 이처럼 줄어든 원인으로는 다음과 같은 요인들을 꼽을 수 있다.

행동 조건화

행동 조건화는 소셜미디어 플랫폼과 디지털 콘텐츠가 사용자들의 주의를 끌어 계속 머물도록 하기 위해 사용하는 주요 전략 중 하나다. 끝없는 스크롤, 자동재생, 푸시 알림 등은 모두 사용자가 지속적으로 플랫폼에 머무르게 하기 위해 설계된 기능들이다.

끝없는 스크롤 끝없는 스크롤infinite scroll은 사용자가 콘텐츠를 계속해서 탐색하도록 유도하는 설계 방식이다. 페이스북, 인스타그램, 트위터와 같은 소셜미디어 플랫폼은 끝없는 스크롤을 통해 사용자가 중단 없이 콘텐츠를 탐색하게 한다. 이는 사용자가 더 많은 시간을 플랫폼에서 보내도록 하며, 그 결과 주의가 끊임없이 분산된다.

자동재생 자동재생autoplay은 사용자가 다음 콘텐츠를 자동으로 재생하도록 하여 주의를 계속 붙잡아 두는 기능이다. 유튜브, 넷플릭스 등 많은 동영상 플랫폼은 동영상이 끝난 후 자동으로 다음 동영상을 재생하는 기능을 제공한다. 이러한 자동재생 기능은 사용자가 플랫폼을 떠나지 않게 하며, 더 많은 콘텐츠를 소비하게 만든다.

푸시 알림 푸시 알림push notifications은 사용자에게 새로운 콘텐츠, 메시지, 알림 등을 즉시 전달하여 주의를 끌도록 설계된 기능이다. 푸시 알림은 사용자가 앱을 열지 않아도 새로운 정보를 즉각적으로 알 수 있게 해서 주의를 분산시킨다. 이로 인해 사용자는 항상 새로운 알림을 확인하려는 욕구를 느끼게 된다.

디지털 산만함

스마트폰, 태블릿, 컴퓨터는 끊임없는 알림, 메시지, 업데이트 요구 등 온갖 디지털 소음을 발생시킨다. 이러한 환경에서 한 가지 일에 몇 초 이상 집중하기가 특히 어려워졌는데, 이를 '디지털 산만함Digital Distractions'이라고 한다.

매사추세츠 종합병원의 정의에 따르면, 디지털 산만함이란 "스마트폰, 컴퓨터, 태블릿, 스마트워치 등 디지털 기기가 생활에 방해가 되어 생산성을 떨어뜨리고 정신적·정서적 건강에 부정적인 영향을 미치며 신체적 결과까지 초래하는 것"이다. 미디어의 끊임없는 알림, 이메일 알림, 인스턴트 메시지 등 다양한 형태로 나타나며, 이는 일정 시간 동안 하나의 작업에 집중할 수 있는 능력을 현저히 저하시킨다.

디지털 산만함이 만연한 주요 원인 중 하나는 디지털 플랫폼 자체의 설계에 있다. 대부분의 앱과 웹사이트는 끊임없는 알림과 경고로 사용자의 주의를 끌도록 설계되어 있다. 소셜미디어의 끝없는 스크롤, 자동재생 동영상, 개인화된 콘텐츠 피드는 사용자가 앱에 오래 머무르도록 유도한다. 이러한 정보의 폭격은 새로운 알림과 메시지를 확인하느라 의미 있는 업무에 집중할 수 없게 만든다.

디지털 산만함에 자주 노출되는 것은 우리의 인지 기능과 생산성에 부정적인 영향을 미칠 수 있다.

캘리포니아 대학교 정보학 교수 글로리아 마크의 연구 결과는 주목할 만하다. 그에 따르면, 방해를 받은 후 집중력을 회복하는 데 평균 23분 15초가 걸린다고 한다. 업무가 계속 전환되면 효율성이 떨어지고 스트레스와 정신적 피로도가 높아진다. 더욱 우려되는 점은, 업무 중 주의가 산만해지면 이후 최대 30분 동안 정신 집중력이 저하된다는 것이다. 만약 그 사이에 또 다른 방해요소가 작용한다면 이 회복 시간은 더욱 길어질 수 있다.

디지털 산만함은 웰빙에도 상당한 영향을 미친다. 24시간 연중무휴로 연락이 가능해야 하고 알림에 즉시 응답해야 한다는 강박관념은 '테크노 스트레스기술이 근로자에게 스트레스를 유발함으로써 업무 태도나 생산성에 부정적 영향을 미치는 현상'라 불리는 긴박감과 불안감을 유발한다. 이는 단순히 정신적인 문제에 그치지 않고, 눈의 피로와 수면 부족 같은 신체적 건강 문제로 이어진다. 더 나아가 번아웃과 업무 방향성 상실까지 초래해, 전반적인 삶의 질을 떨어뜨리는 요인이 될 수 있다.

이외에도 멀티태스킹 문화와 정보 과부하 또한 집중력 감소의 원인으로 들 수 있다. 멀티태스킹은 종종 효율성의 상징으로 칭송받지만, 인지 과학 연구 결과는 이와는 상반된 견해를 제시한다. 앞서도 살펴보았듯, 동시에 여러 가지 일을 처리하려 할 때 오히려 뇌의 정보 처리 속도가 저하되고, '전환비용'이라고 하는 작업 전환에 따른 인지적 부하가 일어나 생산성과 집중력을 떨어뜨린다.

이러한 집중력 저하의 시대에 새로운 시간활용 전략을 세워 중요한 과제에 집중할 수 있는 능력을 키우는 것이 더욱 절실한 문제가 되고 있다. 끊임없는 방해와 산만함 속에서도 우리의 목표를 향해 나아가기 위해서는 새로운 접근법이 필요하다.

생산성을 넘어
궁극의 효율을 위한 시간관리

디지털 기술의 급진적 발전으로 인해 우리 사회는 유례없는 속도로 변모하고 있다. 이러한 환경에서, 더 짧은 시간에 더 많은 일을 해내야 한다는 압박감이 커지며 생산성에 대한 우리의 인식 또한 진화하는 중이다.

현대 사회에서 업무 효율성의 개념은 과거와는 확연히 다른 양상을 보인다. 처리한 업무의 양적 측면만으로 효율성을 평가하던 시대는 지났다. 이제는 업무 간의 유기적 연결성, 각 업무가 지니는 본질적 의미, 그리고 최종적으로 창출되는 가치가 중요한 평가 기준으로 부상하고 있다. 다시 말해, 현대의 효율성 개념은 양적 성과와 질적 성과를 동시에 아우르며, 더 나아가 그 결과가 미치는 파급 효과까지 고려하는 총체적인 관점으로 진화 중이다.

생산성 개념의 진화

생산성에 대한 우리의 인식은 산업 혁명 시대부터 현재에 이르기까지 큰 변화를 겪어왔다. 과거에는 '더 많이'가 곧 '더 좋은 것'이라는 사고방식이 지배적이었다. 이러한 인식은 쉴 새 없이 바쁘게 일하는 문화를 양산했고, 결과적으로 직장인들의 번아웃, 스트레스 증가, 직무 만족도 하락이라는 부작용으로 이어졌다. 업무의 본질적 가치보다는 단순한 과제 완수에만 매몰되다 보니, 일의 의미가 퇴색되고 인지적 부담이 가중되는 악순환이 반복되었다.

그러나 정보화 시대로 접어들면서 생산성의 개념은 큰 전환점을 맞이했다. 단순하게 투입 대비 산출량을 측정하던 과거의 방식에서 벗어나, 인지적 업무의 가치를 중요시하는 방향으로 크게 선회한 것이다. 현대의 지식 기반 경제에서는 일의 양적 측면 못지않게 질적 측면과 그 파급효과가 중요한 평가 기준으로 자리 잡았다. 이제는 그저 바쁘게 일하는 것보다는 가치 있는 일을 효과적으로 수행하는 것, 즉 우리의 행동이 개인과 조직의 핵심 가치와 목표를 얼마나 잘 반영하는지가 진정한 효율성의 척도가 되고 있다.

즉, 오늘날 진정한 생산성은 단순히 할 일 목록을 체크하는 것이 아니라, 가치 있는 무언가를 창출하고 이를 통해 개인적 성취감과 사회적 기여를 동시에 느끼는 데서 비롯된다. '얼마나 많이 했는가'가 아니라 '얼마나 의미 있게 했는가'가 중요해진 것이다.

그러나 이 같은 현대적 생산성의 개념이 디지털 세상에서 제대로 구현되고 있는지는 의문이다. 끊임없는 방해요소들로 주의가 산만해진 환경에서, 우리는 종종 효율적으로 일하지 못하고 있다는 자괴감에 빠지곤 한다. 성과를 빠르게 내야 한다는 심리적 압박이 고조될수록 '얼마나 의미 있게 했는가'를 성찰할 여유는 줄어들고, 새로운 자극을 계속해서 추구하는 경향이 강해진다.

워싱턴 대학교의 소피 레로이 박사가 제시한 '주의력 잔류Attention Residue'라는 개념은 현대 사회의 생산성 문제를 정확히 짚어낸다. 레로이 박사의 연구에 따르면, 한 작업을 마무리 짓지 않은 채 다른 작업으로 전환하면, 이전 작업에 대한 생각이 머릿속에 남아서 새로운 작업에 대한 집중력이 저하된다. 즉, 이전 작업의 잔상과 미완료된 느낌이 인지적 자원을 계속해서 소모하면서 새로운 작업에 온전히 몰입하는 것을 방해하고, 그 결과 어느 작업에도 충분히 집중하지 못하는 상태에 빠지게 된다. 전반적인 업무 효율이 저하되는 것은 물론이다.

이는 멀티태스킹의 주된 부작용 중 하나다. 효율성을 높이기 위해 여러 가지 작업을 동시에 수행하려는 시도가 오히려 전반적인 생산성 하락으로 이어지는 아이러니한 상황인 셈이다.

주의력 잔류는 또한 스트레스와 불안감을 증폭시키는 요인이 될 수 있다. 끊임없이 작업을 전환하다 보면 미완료된 일들에 대한 압박감이 쌓이고, 그로 인해 작업의 질 저하, 시간 낭비, 그리고 궁극적으로는 번아웃으로 이어지기 쉽다.

레로이 박사의 연구는 우리의 집중력을 효과적으로 관리하고 생산성을 높이기 위한 중요한 통찰을 제공한다. 이 연구 결과에 따르면, 작업 간 빈번한 전환을 최소화하고 한 가지 일을 완전히 마무리한 후 다음 과제로 넘어가는 것이 핵심이다.

이어지는 장에서는 이 같은 통찰을 우리의 일상에 구체적으로 적용할 수 있는 방법을 소개하고자 한다. 높은 생산성을 목표로, 일상에 자연스럽게 통합할 수 있는 시간관리 기술에 대해 탐구할 것이다. 나아가, 개인의 성장과 삶의 질 향상으로 이어지는 총체적인 접근을 제시하려 한다.

조각낼수록
늘어나는
시간 확장의 연금술

잃어버린
시간을 찾아서

영화 〈악마는 프라다를 입는다〉에서 주인공 앤디는 상사인 미란다의 끝없는 요구에 부응하면서 자신만의 삶을 살기 위해 고군분투한다. 끝없는 할 일 목록과 계속되는 상사의 요구에 시달리는 앤디의 모습은 현실에서 비슷한 문제를 겪는 많은 이들의 공감을 불러일으킨다.

앤디의 처지가 우리에게 짠하게 느껴지는 이유는, '악마 같은 상사'가 있고 없고를 떠나, 대부분의 현대인이 시간에 쫓기며 살아가고 있기 때문일 것이다. 우리는 종종 해야 할 일이 너무 많아 하루 24시간이 턱없이 부족하다는 느낌을 받는다. 시간이 부족하다는 기분은 불안과 스트레스를 유발한다. 그러나 이러한 시간 압박은 실제로 우리가 가진 시간이 부족해서가 아니라, 우리의 선택에 따른 시간 사용 방식에서 비롯된 착각일 수 있다.

호주 국립대학의 로버트 E. 구딘과 멜버른 대학의 제임스 마흐무드 라이스 등이 쓴 논문 〈시간 압박 착각: 재량 시간 대 자유 시간The Time-Pressure Illusion: Discretionary Time vs. Free Time〉은 우리가 일상적으로 경험하는 시간 압박의 본질을 심도 있게 분석하고 있다. 이 연구에 따르면, 우리가 느끼는 시간 부족은 실제 시간의 절대적 양보다는 우리의 주관적 인식과 시간활용 방식의 영향에 좌우될 가능성이 크다.

시간 빈곤과 재량 시간

논문에서 다루는 주요 개념 중 하나는 '시간 빈곤Time Poverty'이다. 시간 빈곤은 금전적 빈곤과 유사한 맥락에서, 개인이 일상생활의 필수 활동을 모두 완수하기에 충분한 시간이 없다고 느끼는 상태를 의미한다.

연구자들은 시간 사용 데이터를 통해 사람들이 필수 활동에 실제로 얼마나 많은 시간을 할애하는지 분석했다. 필수 활동에는 유급 노동, 무급 가사 노동, 개인 관리식사, 수면, 개인 위생 등가 포함된다. 이러한 활동들은 우리 삶에서 필수불가결한 요소지만, 각 활동에 얼마나 많은 시간을 투자해야 하는지에 대한 인식은 개인마다 상이할 수 있다. 예를 들어, 어떤 이는 집안 청소에 2시간이면 충분하다고 여기는 반면, 다른 이는 같은 일을 완벽하게 해내기 위해 4시간이 필요하다고 느낄 수 있다. 이는 개인의 기준과 기대치에 따라 크게 달라진다. 즉, 개인의 습관, 생활 방식, 효율성, 그리고 완벽주의 성향 등 다양한 요인에 의해 영향을 받는다. 이는 시간 빈곤이 단순히 객관적인 시간의 양이 아닌, 주관적인 시간 인식과 관리 능력에 크게 좌우됨을 시사한다.

또 다른 주요 개념인 '자유 시간Free Time'과 '재량 시간Discretionary Time'은 시간활용과 관련된 것으로, 둘 다 개인의 자유로운 선택이 가능한 시간을 의미하지만 그 성격과 활용 방식에서 미묘한 차이를 보인다.

자유 시간은 필수 활동을 제외하고 남은 순수한 여가 시간으로, 어떤 의무나 책임 없이 완전히 '자유롭게' 사용할 수 있는 시간을 뜻한다. 일과를 마친 후의 저녁 시간이나 업무에서 벗어난 주말 시간이 대표적인 예다.

한편, 재량 시간은 보다 구체적이고 능동적인 개념이다. 필수 활동을 최소한으로 줄인 후 남은 시간으로, 개인의 선택에 따라 다양한 활동에 할애할 수 있는 시간을 뜻한다. 재량 시간의 핵심은 '어떻게 사용할지'를 자유롭게 결정할 수 있다는 점에 있다.

언뜻 유사해 보이는 두 개념의 차이점은 무엇일까? 자유 시간은 의무에서 완전히 벗어난 모든 시간을 포함하는 반면, 재량 시간은 필수 활동을 최소화한 후 남은 시간이다. 또한 자유 시간이 주로 휴식과 여가에 초점을 맞추며 스트레스 해소에 활용되는 경향이 있다면, 재량 시간은 더 능동적이고 목적 지향적인 활동, 즉 개인의 성장과 발전을 위한 활동에 투자되는 경향이 있다.

이러한 차이로 인해, 재량 시간의 활용 방식은 개인의 삶의 질과 스트레스 수준에 지대한 영향을 미칠 수 있다. 예를 들어, 동일한 양의 재량 시간을 가진 두 사람이 있다고 가정해 보자. 한 사람은 이 시간을 의미 있는 취미 활동이나 자기계발에 투자하고, 다른 사람은 무의미한 활동에 소비한다면 어떻게 될까? 시간이 지남에 따라 두 사람 사이 삶의 만족도와 개인적 성장에는 현저한 차이가 나타날 것이다.

즉, 시간 압박 문제를 해결하기 위해서는 단순히 자유 시간을 늘리는 것보다 재량 시간을 효과적으로 활용하는 방법을 익히는 것이 더 중요할 수 있다.

여기서 '시간 압박 착각Time-Pressure Illusion'이라는 흥미로운 개념이 등장한다. 이는 사람들이 실제로 필요한 것보다 더 많은 시간을 일상 활동에 할애함으로써 느끼게 되는 주관적인 시간 부족감을 의미한다. 논문에 따르면, 많은 사람들이 시간 압박을 느끼는 이유는 실제로 필요한 것보다 더 많은 시간을 업무나 기타 약속에 할애하고 있기 때문이다. 이는 주로 사회적 압력과 문화적 규범의 영향에서 비롯된다.

시간 압박 착각은 재량 시간과 자유 시간 사이의 차이로 정의되는데, 둘 사이의 차이가 적을수록 시간 압박 착각이 적은 것으로 본다.

예를 들어, 자녀가 없는 맞벌이 부부는 시간 압박 착각이 가상 높은 그룹으로 나타났다. 이들은 경력 개발이나 개인적 성취에 대한 사회적 기대가 상대적으로 높아, 필요 이상으로 업무나 자기관리에 시간을 투자하는 경향이 있다. 이로 인해 시간 압박을 더 크게 느끼게 되는 것이다. 반면에 한부모 가정, 특히 자녀가 있는 한부모들은 가장 적은 시간 압박 착각을 경험하는 것으로 나타났다. 실제로는 가장 적은 재량 시간을 가지고 있지만, 동시에 자유 시간도 가장 적어 그 차이가 작기 때문이다. 이러한 결과는 시간 압박감이 실제 필요에 의한 것이라기보다는 개인의 선택과 사회적 기대에 의해 크게 좌우될 수 있음을 보여준다. 우리가 느끼는 시간 부족은 객관적인 현실이라기보다 주관적인 인식에 가깝다는 것이다.

무엇부터 채울 것인가

여기서 잠시, 시간관리에 관한 유명한 우화를 하나 살펴보자. 어느 철학 교수가 커다란 빈 유리병을 들고 교단에 섰다. 그는 먼저 병에 큰 돌을 가득 채운 뒤 학생들에게 물었다.

"병이 얼마나 찼나요?"

학생들은 "가득 찼습니다"라고 대답했다.

그러자 교수는 작은 자갈을 병 속에 더 넣고 병을 살짝 흔들어 자갈이 큰 돌 사이로 흩어지도록 했다.

"지금은 어떤가요?"

"아까보다 더 가득 찼습니다."

이어서 교수는 병에 모래를 부었다. 모래 알갱이는 남은 빈틈을 모두 채웠다.

학생들은 "이제 병이 완전히 가득 찼습니다"라고 말했다.

이 우화에서 큰 돌은 '중요한 일'을 상징한다. 중요한 일을 먼저 배치함으로써 덜 중요한 일들자갈과 모래까지 효과적으로 처리할 수 있다는 것이다. 즉, 우선순위를 올바르게 설정하면 더 많은 일을 효율적으로 해낼 수 있다는 교훈을 담고 있다.

자, 이제 필수 활동을 큰 돌멩이, 재량 시간 활동을 자잘한 자갈과 모래라고 생각해 보자. 우리에게 주어진 하루 24시간은 변할 수 없는 상수다. 이는 크기와 높이가 정해진 물병과 같아서, 절대 넘치도록 담을 수 없다. 시간은 우리에게 주어진 인생의 조건 중 가장 융통성 없는 존재라는 걸 다시 상기하자.

큰 돌멩이필수 활동와 작은 자갈과 모래재량 시간 활동를 물병에 가장 효과적으로 담으려면 어떻게 해야 할까?

답은 명확하다. 큰 돌멩이를 먼저 넣어야 나머지도 최대한 담을 수 있다. 만약 자갈이나 모래를 먼저 넣으면 큰 돌멩이는 더 이상 들어갈 자리가 없게 된다. 다시 말해, 중요한 일을 먼저 처리하고, 남은 시간을 재량 시간으로 활용해야 주어진 시간을 가장 효율적으로 사용할 수 있다.

그렇다면 우리는 시간을 어떻게 사용하고 있는지, 그리고 그 방식이 진정으로 효율적이고 만족스러운지 깊이 있게 점검해 볼 차례다.

우리는 흔히 "바쁜 게 좋은 거야"라는 생각에 사로잡혀 더 많은 일을 하려고 한다. 자잘한 일들을 부지런히 하면서 스스로가 바쁘게 산다고 생각한다. 그러나 이러한 접근은 앞서 살펴본 '시간 압박 착각'을 더욱 심화시킬 뿐이다. 단순히 바쁘게 산다고 해서 그것이 곧 의미 있는 삶으로 이어지는 것은 아니다. 오히려 중요한 일에 집중할 시간을 빼앗기고, 결과적으로 더 큰 스트레스와 불만족을 경험할 수 있다.

같은 회사의 입사 동기인 영수 씨와 기섭 씨의 경우를 보자. 영수 씨는 언뜻 보기에 매우 부지런해 보인다. 항상 스마트폰을 손에 들고 링크드인과 인스타그램의 메시지를 확인하고, 카카오톡의 여러 업무 관련 단톡방에 실시간으로 대응하며 잡다한 업무로 가득 찬 일정을 소화한다. 그는 이렇게 항상 바쁘게 움직이지만, 정작 중요한 프로젝트에는 집중할 시간이 모자라다고 느낀다. 거래처와 동료들의 이런저런 부탁을 포함해, 다양한 일들을 분주히 처리하다 보면 매번 오후 늦은 시간이 되어서야 중요한 업무에 착수하게 되고, 결국 야근하거나 퇴근 후 집에까지 일을 가져가기 일쑤다. 이런 연유로 항상 머리가 지끈거리고, 아무리 자도 피곤이 풀리지 않는다.

반면 기섭 씨는 항상 느긋한데도 맡은 일을 깔끔하게 잘 해내서 평판이 좋다. 매일 정시에 퇴근하고 운동이나 독서 모임 같은 자기계발 활동에 열중하면서도, 업무 처리 속도는 오히려 (항상 바빠 보이는) 영수 씨보다 빠르고, 결과물도 훌륭하다.

영수 씨가 시간 빈곤에 시달리는 이유는 정말 시간이 부족해서일까? 혹시 큰 돌멩이와 자잘한 자갈을 물병에 넣는 방식이 잘못되었기 때문은 아닐까?

영수 씨가 시간을 효율적으로 사용하지 못하는 근본적인 이유는 재량 시간을 전략적으로 활용하지 못하기 때문이다. 자갈이나 모래 같은 일들에 먼저 시간을 소비하다 보니 정작 중요한 큰 돌멩이, 즉 핵심 업무에 쓸 시간이 부족해진 것이다.

빈 병의 우화가 가르쳐주듯, 시간을 얼마나 잘 사용하느냐는 결국 큰 돌멩이와 자갈을 어떤 순서로 넣느냐에 달려 있다. 시간관리의 핵심은 '바쁨'이 아닌 '중요도'에 있는 것이다. 가치관과 목표에 부합하는 핵심적인 활동들을 먼저 배치하고, 그 후에 덜 중요한 일들을 처리하는 방식으로 시간을 구조화해야 한다.

시간이 부족하다는 착각에서 벗어나야 하는 이유

사실은 그렇게까지 바쁘지 않은 사람도 시간이 부족하다고 느끼며 살아가는 경우가 많다. 현대사회에서 우리는 생산성이 곧 가치이고 성공이라는 생각을 끊임없이 주입받는다. 이러한 압박은 어린 시절부터 시작되며, 특히 학업과 경력을 중시하는 문화에서 그 강도가 매우 높다. '빨리빨리' 문화가 뿌리 깊은 한국은 이러한 현상의 대표적인 예다.

실제로 우리 대부분은 어릴 때부터 장시간의 학교 교육과 높은 수준의 목표를 위해 쉼 없는 노력을 요구받아 왔다. 항상 무언가를 해야 한다는 압박감, 쉬는 것에 대한 죄책감, 더 많은 성과를 내야 한다는 강박 같은 사회적 압박이 '더 생산적인 일을 할 시간이 부족하다'는 착각을 조장해 온 것은 아닐까?

디지털 산만함과 주의력 분산 또한 시간이 부족하다는 착각을 불러일으키고 있다.

스마트폰과 인터넷 덕분에 언제 어디서나 정보에 접근할 수 있게 되었지만, 끊임없는 알림과 소셜미디어 메시지로 인해 우리의 주의력은 지속적으로 분산되고 있다. 이러한 디지털 산만함은 깊이 있는 집중을 방해하고, 결과적으로 시간이 부족하다는 인식을 강화시킨다. 한국지능정보사회진흥원NIA의 2022년 연구 결과는 이러한 현상의 심각성을 잘 보여준다. 우리나라 스마트폰 이용자중 23.6%는 '스마트폰 과의존

위험군'으로, 이들의 여가 활동 1순위는 스마트폰 이용이었다. 주로 동영상 시청과 메신저, SNS, 뉴스 보기 등에 시간을 쓰는 것으로 조사되었다.

한편, 휴대폰의 과도한 사용은 사용자의 학업 성취도 및 업무 성과에 부정적인 영향을 미치며, 주의 산만 같은 결과를 초래한다는 연구 결과도 있다. 중국과기대 지안쉰 추 박사 등이 대학생 914명을 대상으로 한 연구에 따르면, 스마트폰 사용이 정보 과부하를 유발하고, 이는 심리적 스트레스, 우울, 불안 등과 같은 부정적인 영향을 초래할 수 있다고 한다.

앞서 언급한 린다 스톤의 '지속적인 주의력 분산'은 이러한 상황을 잘 설명한다. 습관적으로 SNS를 확인하거나 한 정보에서 다른 정보로 이동하며 새로고침하는 과정에서 매번 주의가 분산되고, 이는 정작 중요한 일은 거의 하지 못하는 결과를 초래한다. 그 결과 정말로 시간이 부족해서가 아니라, 시간이 부족하다는 착각에 빠지게 되는 것이다.

시간 압박의 착각을 극복하기 위해서는 우선 '바쁠수록 좋다'는 구시대적 사고방식에서 벗어나 현실을 객관적으로 바라보는 것이 중요하다. 24시간이라는 물병에 큰 돌멩이와 작은 자갈들을 효율적으로 채워넣는 방법을 알고, 멀티태스킹과 디지털 방해요소들 대신 집중적인 의미 있는 일들에 시간을 할당해야 한다.

80/20 규칙:
기본 개념 ❶

1897년, 밀라노의 어느 번화한 카페. 한 젊은 경제학자가 수첩에 열심히 무언가를 적고 있었다. 그의 이름은 빌프레도 파레토. 그가 지금 막 떠올린 아이디어는 생산성 분야에 일대 혁명을 일으킬 만한 것이었다.

파레토는 우연히 이탈리아의 토지 소유 현황을 분석하다 흥미로운 사실을 발견했다. 전체 인구의 20%가 전체 토지의 80%를 소유하고 있다는 것이다. 이 단순한 관찰에서 시작된 그의 생각은 후에 '80/20 원칙' 또는 '파레토 법칙'이라 불리는 시간과 에너지 관리의 새로운 패러다임을 제시하게 된다.

이 원칙의 핵심은 간단하다. 우리가 들이는 노력이나 자원의 20%만으로도 전체 결과의 80%를 얻을 수 있다는 것이다. 이는 우리에게 '선택과 집중'의 중요성을 일깨운다. 예를 들어, 직장인의 경우 전체 업무 중 20%에 해당하는 핵심 프로젝트가 전체 성과의 80%를 좌우할 수 있다. 기업의 경우 전체 고객의 20%가 전체 매출의 80%를 차지하는 경우도 흔하다.

이 원칙을 일상에 적용하면 어떨까? 하루 중 가장 중요한 일, 즉 '황금시간 20%'에 집중한다면 전체 성과의 80%를 달성할 수 있다. 이렇게 하면 나머지 시간은 덜 중요한 일들을 처리하거나 휴식을 취하는 데 사용할 수 있고, 결과적으로 효율성이 높아지고 스트레스는 줄어들 것이다.

인지심리학과 80/20 법칙

80/20 법칙은 언뜻 보면 단순한 수치적 관찰로 여겨질 수 있다. 그러나 이 법칙은 경험칙을 넘어 다양한 분야의 연구 결과를 통해 그 타당성이 입증되어 왔다. 경영 컨설턴트 주세프 주란의 품질 관리 연구에서는 20%의 결함이 80%의 문제를 야기한다는 사실이 밝혀졌다. 《80/20 법칙The 80/20 Principle》의 저자 리처드 코치는 광범위한 분석을 통해 이 법칙의 보편성을 입증했으며, 네트워크 이론의 권위자 앨버트 라슬로 바라바시는 네트워크 내에서 소수의 노드가 대부분의 연결을 가진다는 사실을 밝혀냈다.

이러한 연구들은 우리 삶의 여러 영역에서 20%의 투입이 80%의 결과를 만들어낸다는 사실을 일관되게 보여준다. 그리고 이 법칙을 인지심리학의 관점에서 바라보면, 우리 뇌의 작동 방식과 놀랍도록 일치한다는 점을 발견하게 된다.

인지심리학의 '선택적 주의' 개념에 따르면, 우리의 뇌는 모든 정보를 균등하게 처리하지 않고 중요한 소수의 정보에 집중한다. 마치 두뇌가 본능적으로 80/20 법칙을 따르고 있는 것 같아 흥미롭다. 생각해 보면 일상에서도 이런 모습을 쉽게 발견할 수 있다. 가령, 복잡한 거리를 걸을 때 우리는 모든 간판이나 사람들을 일일이 인식하지 않는다. 그 대신 목적지의 표지나 걸어가는 길에 초점을 맞춘다. 의식하지 않아도 자연스럽게 중요한 20%에 집중하고 있는 것이다.

한편, 뇌에는 또 다른 특징이 있다. 바로 시간이 지남에 따라 집중력과 의사결정 능력이 서서히 떨어진다는 점이다. 스마트폰의 배터리가 사용할수록 줄어드는 것과 비슷하다. 푹 자고 아침에 일어났을 때 머리가 가장 맑고, 저녁으로 갈수록 피곤해지는 경험을 해 본 적이 있을 것이다. 이것이 바로 우리 뇌의 인지 자원이 한계를 가지고 있다는 증거다.

이러한 뇌의 특성을 이해하면, 하루를 더욱 효율적으로 계획할 수 있다. 가장 중요한 20%의 일을 언제 처리해야 할까? 바로 인지 능력이 가장 높은 시점이다. (사람마다 차이가 있겠지만, 대체로 아침 시간인 경우가 많다.) 이 같은 황금시간대에 가장 중요한 일을 집중적으로 처리하면 하루의 성과를 극대화할 수 있다.

이러한 접근법은 일의 효율성을 높이는 것을 넘어, 중요한 일에 집중함으로써 뇌의 과부하를 줄이고 더 나은 결정을 내릴 수 있게 해준다. 덜 중요한 일들로 인한 스트레스도 자연스럽게 줄어든다. 결과적으로 더 높은 성취감과 만족감을 느끼게 되고, 이는 전반적인 삶의 질 향상으로 이어질 수 있다.

큰 돌멩이부터
넣어라

시간은 우리 모두에게 공평하게 주어진 자원이다. 하루 24시간, 일주일 168시간. 그런데도 많은 사람들이 '시간이 부족하다'고 호소한다. 정말 그럴까? 앞서 살펴보았듯, 실제로는 시간활용 방식이 비효율적이기 때문에 시간 빈곤에 시달릴 확률이 더 크다.

〈하버드 비즈니스 리뷰〉의 연구에 따르면, 소위 전문가들조차 잘못된 시간관리 관행으로 인해 매주 평균 21.8시간을 낭비한다고 한다. 불필요한 회의, 비효율적인 업무 흐름, 업무 우선순위를 효과적으로 정하지 못하는 등 여러 요인으로 인해 7일 중 거의 하루에 가까운 시간이 증발하는 것이다.

이 상황을 정원에 비유해 보자. 잡초가 무성하게 자라나면 키우는 식물이 자랄 공간이 점점 줄어든다. 시간관리도 마찬가지다. 비효율적인 시간관리는 우리의 생산성을 잠식한다. 결과적으로 정작 중요한 일에 쓸 시간이 부족해진다.

이런 상황에서 '시간 확장'이라는 개념은 매우 유용한 전략이 될 수 있다. 이는 주어진 24시간을 최대한 효과적으로 활용하는 방법이다.

작은 방을 효율적으로 사용하려면 어떻게 해야 할까? 가구 배치를 최적화하고, 불필요한 물건을 정리해야 한다. 그러면 같은 공간이 훨씬 넓어 보인다. 시간관리도 이와 같은 원리를 따른다. 효율적으로 시간을 관리하면 같은 시간 안에 더 많은 일을 해낼 수 있다.

시간 확장이라는 개념은 마치 과학 소설에 나올 법한 아이디어처럼 들릴 수 있다. 하지만 이는 물리 법칙을 거스르는 것이 아니다. 주어진 시간을 효과적으로 활용해 마치 시간이 늘어난 것 같은 효과를 얻는 것이다. 즉, 같은 시간 안에 더 많은 가치를 창출해내어 시간의 밀도를 높이는 것이 시간 확장의 핵심이다.

이 개념의 기본 원칙은 간단하다. 영향력이 큰 활동에 집중하고, 불필요한 시간 낭비를 제거하며, 적절한 도구와 기술을 활용하여 업무 프로세스를 간소화한다.

이해를 돕기 위해 스펀지를 한번 떠올려보자. 건조한 스펀지는 작고 딱딱해 보인다. 하지만 물에 적시면 얼마 안 있어 팽창하여 유연해진다. 우리의 일정도 이와 비슷하다. 생산적인 습관을 흡수하고 비생산적인 습관을 제거함으로써 '확장'될 수 있는 것이다.

예를 들어, 아침마다 이메일 확인과 답변에 많은 시간을 할애하는 사람이 있다고 하자. 이 사람은 아침 시간 대부분을 이메일에 묶여 다른 중요한 업무를 시작하지 못한다. 만약 이메일 확인 시간을 특정 시간대로 제한하고, 나머지 시간에는 중요한 프로젝트에 집중한다면 어떨까? 생산성이 훨씬 높아질 것이다.

또 다른 예로, 정규 업무 시간에 일을 효율적으로 처리하지 못하는 경우를 생각해 보자. 그 결과 퇴근 후에도 집에서 업무 이메일을 확인하고, 주말에도 일을 하느라 가족과 보내는 시간이 줄어든다. 마치 방 안에 잡동사니가 쌓여 움직일 공간이 없는 것과 같다. 이럴 때는 우선순위를 정하고, 업무 시간을 잘 관리하여 정해진 시간 내에 최대한 많은 일을 마치는 것이 중요하다. 업무 시간을 최적화하면 퇴근 후에 마음 놓고 쉬면서 재충전의 시간을 가질 수 있다. 즉, 방 안에 어질러진 물건을 치워서 공간을 확보하듯, 불필요한 활동을 줄이고 효율성을 높임으로써 시간을 확보할 수 있는 것이다.

시간 확장의 핵심은 결국 우선순위 설정과 효율적인 시간관리에 있다. 이러한 원칙은 필자가 만들어낸 것이 아니다. 무려 수십 년 이상 전 세계 성공한 사람들이 공통적으로 채택해 온 시간관리 기술이 이미 존재한다. 우선순위를 정하는 가장 효율적인 도구 중 하나로, 스티

븐 코비의 책 《성공하는 사람들의 7가지 습관The 7 Habits of Highly Effective People》에 소개되어 더욱 유명해진 '아이젠하워 매트릭스The Eisenhower Matrix'가 있다.

아이젠하워 매트릭스

아이젠하워 매트릭스는 미국의 34대 대통령 드와이트 D. 아이젠하워가 제2차 세계대전 당시 유럽 지역 연합군 최고사령관으로서 복잡한 업무와 결정을 관리하기 위해 개발한 시간관리 기법이다. 전쟁이라는 극도로 복잡하고 긴박한 상황에서, 아이젠하워는 수많은 업무와 결정을 효과적으로 관리해야 했다. 이때 그가 깨달은 중요한 원칙이 있었으니, "긴급한 일은 대부분 중요하지 않고, 중요한 일은 대부분 긴급하지 않다"는 것이었다. 이 통찰은 아이젠하워 매트릭스의 근간이 되었다.

아이젠하워의 인생에서 가장 중요한 순간 중 하나는 단연 노르망디 상륙 작전일 것이다. 1944년 6월 6일, 연합군은 나치 독일의 점령 하에 있던 프랑스 노르망디 해변에 상륙하기 위한 대규모 작전을 감행했다. 이 작전은 제2차 세계대전의 흐름을 바꾸는 결정적 전환점이 되었고, 아이젠하워는 이 역사적인 작전의 총지휘관이었다.

아이젠하워는 작전을 준비하기 위해 매우 복잡하고 긴급한 결정을 내려야 했다. 예를 들어, 상륙 작전 당일의 기상 조건을 면밀히 검토하고 적절한 상륙 시간을 결정하는 것은 긴급하고 중요한 일이었다. 반면, 작전 계획을 상세히 문서화하고 후속 작전을 준비하는 일은 중요한 일이지만 긴급하지는 않았다.

이렇게 작전을 관리하고, 부하들에게 효과적으로 작전 지시를 내리기 위하여 아이젠하워는 이를 프로세스화 하였다. 당시 아이젠하워의 책상에는 4개의 분면으로 나눈 문서 보관함이 있었는데, 각 분면은 다음과 같이 분류되었다.

A분면: 긴급하고 중요한 문서(일) 이 분면에는 즉시 처리해야 할 문서들이 놓였다. 주로 작전 계획이나 중요한 명령서들이 여기에 포함되었다. 전쟁 중 아이젠하워는 이 부류의 일에 많은 시간을 할애해야 했다. 예를 들어, 갑작스러운 병력 이동이나 긴급 작전 지시는 그가 직접 즉각적으로 처리해야 했던 중요한 사안들이었다.

B분면: 긴급하지 않지만 중요한 문서(일) 이 분면에는 계획적으로 처리할 수 있는 문서들이 놓였다. 주로 장기 전략이나 중요한 정보 보고서들이 이에 해당했다. 아이젠하워는 이 부류의 일에도 많은 시간을 할애했는데, 주로 중요한 작전 계획을 수립하거나 장기 목표를 설

정하는 업무들이었다.

C분면: 긴급하지만 중요하지 않은 문서(일) 이 분면에는 위임할 수 있는 문서들이 놓였다. 주로 일반 보고서나 일상적인 업무와 관련된 문서들이 이에 해당했다. 예를 들어, 일상적인 보고서 작성이나 회의 준비 같은 업무들은 부하 직원에게 맡길 수 있었다.

D 분면: 긴급하지도 중요하지도 않은 문서(일) 이 분면에는 불필요한 서류나 단순 참조용 문서들이 포함되었다. 아이젠하워는 이러한 일들을 가능한 한 제거하려고 했다.

아이젠하워는 이 분류 시스템을 통해 상륙 작전의 복잡한 준비 과정을 효과적으로 관리할 수 있었다. 노르망디 상륙 작전의 성공은 아이젠하워의 철저한 준비와 효율적인 시간관리 덕분에 가능했으며, 이는 그가 대통령이 된 후에도 많은 사람들에게 영감을 주는 경영 철학으로 자리 잡았다.

우리도 일상생활에서 아이젠하워의 시간관리법을 똑같이 활용할 수 있다. 우선 매일 아침이나 전날 저녁에 할 일 목록을 작성하고, 이를 4가지 카테고리로 분류한다.

	긴급한 일		긴급하지 않은 일
중요한 일	A분면 ✓ 지금 당장 할 것!		B분면 📅 나중에 할 것
중요하지 않은 일	C분면 👤 위임할 것		D분면 🗑 삭제할 것

아이젠하워 매트릭스에 따라 할 일 분류하기

---

❶ 긴급하고 중요한 일 　　　　⇨ 지금 당장 할 것!

❷ 긴급하지 않지만 중요한 일 　⇨ 나중에 할 것

❸ 긴급하지만 중요하지 않은 일 ⇨ 위임할 것

❹ 긴급하지도 중요하지도 않은 일 ⇨ 삭제할 것

그런 다음, 각 카테고리에 따라 우선순위를 정하고 계획을 세운다. 이를 통해 중요한 일에 집중하고, 불필요한 일에 쫓기지 않을 수 있다. 예를 들어, 중요한 프로젝트 마감일이 다가오고 있다면 이는 긴급하고 중요한 일로 분류된다. 프로젝트 실무, 고객사와의 협업, 마무리 작업 등이 여기에 해당한다. 이러한 업무는 즉시 착수하여 집중적으로 처리해야 한다.

긴급하지 않지만 중요한 일로는 장기적인 목표 달성을 위한 자기계발 활동이 있을 수 있다. 새로운 기술을 습득하기 위한 강의 수강은 당장 긴급하지는 않지만, 미래의 성공을 위해 매우 중요하다. 따라서 계획을 세워 정기적으로 시간을 할애해야 한다.

긴급하지만 중요하지 않은 일로는 회의 준비나 이메일 응답이 있다. 이런 일들은 긴급하게 느껴질 수 있지만, 실제로는 크게 중요하지 않은 경우가 많다. 따라서 가능한 다른 사람에게 위임하거나, 정해진 짧은 시간 내에 효율적으로 처리하는 것이 좋다.

긴급하지도 중요하지도 않은 일에는 SNS 확인이나 불필요한 전화 통화 등이 해당된다. 이러한 활동은 시간을 낭비하게 만들고 생산성을 저하시키므로, 최대한 줄이거나 완전히 제거하는 것이 좋다.

아이비 리와 브라이언 트레이시: 생산성의 비밀을 풀다

앞서 살펴보았듯이, 우선순위를 정할 때 가장 유명한 방법은 아이젠하워 매트릭스일 것이다. 하지만 4분면이 너무 단순하게 느껴진다면, 지금부터 소개할 2가지 방법을 조합해 보자.

아이비 리 방법

아이비 리는 현대적인 PR 활동의 기본 원칙을 정립한 인물로서, 특히 거대 석유 재벌인 존 D. 록펠러를 위한 PR 활동으로 유명하다.

1920년대의 뉴욕, 아이비 리라는 이름이 대중에 널리 알려지기 전 그는 이미 당시의 거물 기업가들을 대상으로 한 컨설턴트로 활약하고 있었다. 어느 날, 그는 당시 철강 재벌인 베들레헴 스틸의 회장 찰스 슈왑의 사무실을 찾았다. 슈왑은 어떻게 하면 자신의 기업을 더 효율적으로 운영할 수 있을지 고민하고 있었다. 이에 아이비 리는 자신만의 독특한 시간관리 기법, 일명 '아이비 리 방법'을 제안했다.

아이비 리가 슈왑에게 제시한 이 방식은 간단하지만 매우 강력했다. 매일 저녁마다 다음 날의 가장 중요한 업무 6가지를 작성하고, 이를 우선순위에 따라 처리하는 것으로, 다음과 같은 단계로 구성된다.

매일 저녁, 내일의 할 일 목록 작성하기 일과를 마친 후 15분 동안 다음 날 해야 할 가장 중요한 업무 6가지를 작성한다. 모든 업무를 적지 말고 가장 중요한 것들만 골라낸다.

우선순위 결정하기 가장 중요한 순서대로 작성한 6가지 업무에 번호를 매긴다.

하나씩 처리하기 다음 날 아침, 1번 업무부터 시작하여 하나씩 처리한다. 한 업무를 완료하기 전까지는 다른 업무로 넘어가지 않는다.

계속 반복하기 모든 업무를 완료하지 못하더라도 그날 끝나지 않은 업무는 다음 날 목록으로 넘긴다. 새로운 할 일 목록을 작성할 때 포함시키고, 우선순위를 다시 매겨 계속 반복한다.

이 방법의 매력은 단순함에 있다. 아이비 리의 제안은 슈왑에게 큰 변화를 가져왔고, 이는 곧 그의 기업 운영에 혁신을 일으켰다. 직원들이 불필요한 회의나 잡무로 인한 시간 낭비를 줄이고, 가장 중요한 일에 집중할 수 있게 되면서 베들레헴 스틸은 당시 세계 최대 철강 회사 중 하나로 성장했다. 슈왑은 아이비 리에게 2만 5천 달러의 보상금을 지불했다고 한다.

브라이언 트레이시의 ABCDE 방법

세계적인 비즈니스 컨설턴트인 브라이언 트레이시는 아이젠하워 매트릭스를 조금 더 정교화했다. 그는 ABCDE 방법을 개발하여 업무의 우선순위를 체계적으로 정리하는 시스템을 제시했다. 이 방법은 할 일 목록을 다음 5가지 카테고리로 분류한다.

A작업: 반드시 해야 하는 중요한 작업 신각한 결과를 초래할 수 있는 중요한 작업이다. 예를 들어, 중요한 회의 준비나 마감일이 정해진 프로젝트 등이 이에 해당한다.

B작업: 완료해야 할 작업 중요하지만 A작업만큼 심각한 결과를 초래하지는 않는 작업으로, 이 또한 가능한 한 빨리 처리해야 할 작업이다. 예를 들어, 직원 평가나 월간 보고서 작성, 예산 검토, 장기 프로젝트 계획 등이 있다.

C작업: 완료하면 좋을 작업 완료하면 좋지만 하지 않아도 큰 문제가 없는 작업이다. 예를 들어, 간단한 이메일 답장, 급하지 않은 전화 회신, 업계 뉴스 읽기, 또는 선택적인 교육 세미나 참석 등이 해당된다.

D작업: 위임할 수 있는 작업 다른 사람에게 위임할 수 있는 작업이다. 자신이 직접 하지 않아도 되는 업무로, 예를 들어 간단한 데이터 입력이나 문서 정리 등이 있다.

E작업: 제거해야 할 작업 불필요한 작업이다. 이러한 작업은 시간과 자원을 낭비하므로 과감하게 제거하는 것이 좋다. 예를 들어, 불필요한 회의 참석이나 비효율적인 절차 등이 있다.

ABCDE 방법의 장점은 효율적인 시간 관리와 업무 집중력을 높이는 데 있다. 중요한 업무에 집중하고, 위임할 작업을 분류함으로써 시간을 절약해준다.

융합하여 적용하는 법

여러분이 멋진 사무실에서 일하고 있다고 상상해 보자. 책상 위에는 아이비 리 방법으로 작성된 할 일 목록이 놓여 있다. 그 옆에는 ABCDE 방법 또는 아이젠하워 매트릭스로 분류된 할 일 목록이 있다. 이들 목록을 함께 사용하면 업무를 한층 더 체계적이고 효율적으로 처리할 수 있을 것이다.

아침 9시, 아이비 리 방법으로 작성한 6가지 주요 업무 목록을 꺼낸다. 6가지마다 세부적인 실무 항목들을 정리하고, 이를 ABCED 또는 아이젠하워의 4분면 매트릭스로 분류한다. 세부 항목이 많으면 ABCDE 방법으로, 할 일이 많지 않다면 4분면 매트릭스로 분류하되 삭제해야 할 일과 위임해야 할 일이 분류되면 과감하게 빼고, 지금 당장 해야 하는 중요하고 긴급한 작업부터 우선적으로 수행한다.

아이비 리와 아이젠하워 혹은 브라이언 트레이시의 방법을 적절히 활용하면, 일상 업무에서의 생산성을 크게 향상시킬 수 있다. 중요한 것은

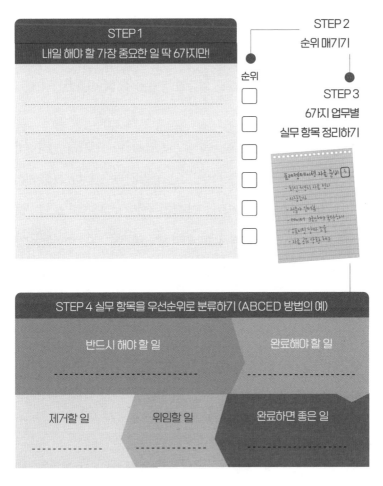

아이비 리 방법 + ABCDE 방법 또는 아이젠하워 매트릭스 융합하기

자신의 업무 스타일과 상황에 맞게 방법을 조정하고, 꾸준히 실천하는 것이다. 혹시 아는가? 이를 통해 여러분도 찰스 슈왑처럼 큰 성과를 이룰지도.

세 개의 원

마지막으로, 이외에도 비즈니스의 효율을 높이기 위해 순위를 세우고 작업을 단순화하는 또 다른 검증된 방법을 소개한다. 바로 잭 웰치의 '세 개의 원Three Circles'이다.

잭 웰치는 제너럴 일렉트릭GE의 전 CEO로서, 1981년부터 2001년까지 재직하면서 GE를 세계적인 기업으로 성장시킨 인물이다. 그의 리더십 아래 GE는 시가총액이 약 120억 달러에서 4,100억 달러로 증가하고, 매출은 약 270억 달러에서 1,250억 달러로 상승했다. 이러한 성장은 잭 웰치의 독창적인 경영 철학과 전략 덕분이었으며, 그중 하나가 바로 '세 개의 원'이다.

세 개의 원은 GE의 비즈니스 포트폴리오를 평가하고 각 비즈니스가 회사의 핵심 경쟁력에 얼마나 부합하는지를 분석하기 위해 1980년대에 만들어진 프레임워크다.

이는 서비스, 기술, 핵심으로 구성되어 있었다.

서비스는 GE가 고객에게 제공하는 모든 서비스와 관련된 비즈니스를 포함하며, 고객 만족도와 안정적인 수익원을 확보하는 데 중점을 뒀다. 기술은 GE의 기술력과 혁신을 중심으로 한 비즈니스를 의미한다. 항공, 헬스케어, 에너지 등 다양한 분야에서 첨단 기술을 개발하고 적용하는 것에 초점을 맞췄다. 핵심은 GE의 제조 역량과 관련된 비즈니스를 포함한다. 이 부문에서는 효율성을 극대화하고 품질 관리와 비용 절감을 통해 경쟁력을 강화하는 데 주력했다.

잭 웰치는 세 개의 원을 통해 GE의 비즈니스 포트폴리오를 분석하고, 비핵심 사업을 매각하며 핵심 사업

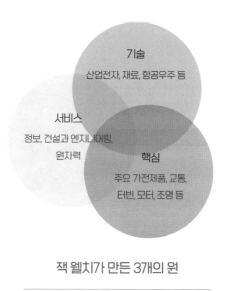

잭 웰치가 만든 3개의 원

에 집중 투자했다. 또한, 모든 사업부가 시장에서 1위 또는 2위를 차지해야 한다는 원칙을 세우고, 이를 달성하지 못하는 사업부는 과감히 정리했다. 이러한 전략을 통해 GE는 다양한 산업에서 선도적인 위치를 확보할 수 있었으며, 잭 웰치는 효과적인 경영 전략가로서 명성을 얻었다. 그의 이러한 접근 방식은 '선택과 집중' 전략의 대표적인 사례로, 많은 기업들이 벤치마킹하는 경영 모델이 되었다.

세 개의 원은 단순히 기업 경영에서만 유용한 개념이 아니다. 우리의 일상에도 이 원칙을 적용하면 삶의 중요한 부분에 집중하고, 효율적으로 시간을 관리하며, 더 나은 성과를 얻을 수 있다. 자신의 삶에서 중요

한 3가지 핵심 영역을 설정하고, 각 영역에서 중요한 목표를 잡고 이를 달성하기 위한 계획을 세우면 된다. 또한, 불필요한 활동을 줄이고 중요한 목표에 집중할 수 있도록 일정을 조정한다.

아이젠하워 매트릭스와 마찬가지로, 세 개의 원은 큰 돌멩이와 작은 자갈의 비유를 잘 보여준다. 큰 돌멩이핵심 비즈니스를 먼저 정리하고, 그 후에 작은 자갈과 모래부차적인 업무를 채우는 방식으로 일정을 관리하는 것이다. 이를 통해 GE는 중요한 목표에 집중하는 한편, 불필요한 일을 줄여 효율성을 극대화할 수 있었다.

추가적인 전략: 주기적으로 점검하기

세 개의 원, 아이젠하워 매트릭스, ABCED 법칙 중 어느 것이든 상관없다. 3분면이든 4분면이든 중요한 것은 진짜 중요한 작업을 분류하고, 우선순위가 높은 일에 시간을 먼저 배정하는 원칙을 지키는 것이다.

이렇게 중요한 일을 먼저 해결하면 자연스럽게 여유가 생기고, 그 결과 다른 일들도 보다 효율적으로 처리할 수 있게 된다. 작은 일들이 아닌 중요한 일부터 처리함으로써 시간의 압박을 줄이고, 심리적인 여유를 확보할 수 있기 때문이다.

장거리 운전을 할 때, 교통 체증을 피해 원활한 길을 선택하는 상황을 떠올려 보자. 신호등이 많고 차량 진출입이 잦아 속도를 내기 어려운 국도보다는 목적지로 직행하는 고속도로가 더 빠르다. 이와 마찬가지로, 중요한 일을 먼저 처리하면 불필요한 방해 없이 시간을 효율적으로 활용할 수 있어 목표에 더 빠르게 도달할 수 있다.

여기에 더하여, 주기적인 점검을 실시하면 우선순위를 잘 유지하는데 도움이 된다. 주간 또는 월간 단위로 자신의 필요와 욕구를 반영하여 계획 및 목표가 잘 이루어지고 있는지 확인하는 것이다.

정기 점검 시에는 다음과 같은 질문들을 던져보자.

이번 주에 무엇을 했는가? 이 질문을 통해 한 주 동안 했던 일들을 되짚어보고, 무엇이 잘 되었는지, 무엇이 부족했는지를 파악한다.

어떤 도전에 직면했는가? 이 질문은 자신이 경험한 어려움을 되새기고, 해결 방법을 고민하게 한다. 이를 통해 앞으로 유사한 상황이 발생했을 때 더 나은 대처 방법을 찾을 수 있다.

다음에는 어떻게 하면 더 잘할 수 있을까? 이 질문은 추가적으로 구체적인 계획을 세우는 데 도움이 된다.

이 과정을 통해 자신의 성과를 평가하고 필요한 부분을 조정할 수 있다. 매주 혹은 매달 진행 상황을 꾸준히 확인하면 장기적인 목표를 놓치지 않고, 계획된 궤도에서 벗어나지 않을 수 있다. 항해사가 지도와 나침반으로 항로를 점검하듯, 우리도 정기적으로 삶의 방향을 점검해야 한다. 이는 인생의 예기치 못한 변화나 새로운 목표가 생겼을 때 유연하게 대응할 수 있는 힘이 되어줄 것이다.

우선순위를 확정하면 심리적인 시간이 확장된다

큰 돌멩이, 즉 중요한 일과 핵심적인 업무부터 우선적으로 처리해야 한다는 원칙을 상기하자. 예를 들어, 회사의 중대한 프로젝트를 완료하는 것은 큰 돌멩이에 해당한다. 이러한 프로젝트를 완료하면 성취감과 함께 여유 시간이 생기며, 이는 재량 시간으로 이어진다.

재량 시간을 잘 활용하면 심리적 안정감을 얻을 수 있고, 이는 일상을 바라보는 시야를 넓혀 준다. 중요한 일을 완료했을 때 느끼는 성취감과 만족감은 심리 상태를 긍정적으로 변화시켜 더 나은 의사결정과 창의적 사고를 가능하게 한다. 즉, 우선순위에 따라 업무를 처리하는 시간 관리법은 삶의 질을 높이는 데 큰 도움이 될 수 있다.

우리는 시간의 흐름을 통제할 수 없다. 그러나 그 안에서 어떻게 효과적으로 행동할지는 결정할 수 있다. 중요한 일을 먼저 해결하는 습관을 들이면 심리적으로 더 많은 시간을 가진 듯한 느낌을 받을 수 있으며, 하루의 질이 달라지는 것은 물론, 궁극적으로 더 만족스러운 삶을 살 수 있을 것이다.

파킨슨의 법칙:
기본 개념 ❷

'파킨슨의 법칙Parkinson's Law'은 "일은 주어진 시간을 모두 채울 때까지 늘어난다"는 흥미로운 개념이다. 영국의 역사학자이자 작가인 시릴 노스코트 파킨슨이 제안한 것으로, 어떤 업무에 할당된 시간이 길수록 그 일은 주어진 시간에 맞춰 느려지고 복잡해진다는 의미다. 즉, 주어진 시간만큼 일이 늘어나는 경향이 있다는 것이다.

예를 들어, 보고서를 작성하는 데 일주일이 주어졌다고 가정해 보자. 이 경우 대부분의 사람들은 보고서 작성에 주어진 일주일을 모두 사용할 것이다. 그러나 만약 같은 보고서를 3일 안에 작성하라는 임무가 주어진다면 어떨까? 놀랍게도 대부분의 사람들은 이 짧아진 기한 내에 일을 마칠 가능성이 크다.

이는 주어진 시간이 짧을수록 집중력이 높아지고, 불필요한 일을 줄이며, 디 효율적으로 작업하게 되기 때문이다. 시간의 제약이 오히려 생산성을 높이는 결과를 가져오는 것이다. '발등에 불이 떨어져야 한다'는 말과도 맥락을 같이한다. 나 역시 마감이 임박해서야 비로소 일에 집중하고, 시간에 쫓기는 상황에서 오히려 집중력과 창의력이 더 잘 발휘되는 경험을 종종 한다.

이처럼 압박이 생산성을 높일 수 있다는 사실은, 효율적인 시간관리를 위해 스스로에게 적절한 제한을 설정하는 것이 중요함을 보여준다. 이 법칙은 이어서 소개할 시간분할과 시간상자 기법의 기초이기도 하다.

시간분할 기법은 하루를 여러 시간블록으로 나누어 특정 작업에 집중하는 방식이다. 예를 들어, 오전 9시부터 10시까지는 이메일 확인 및 회신, 10시부터 12시까지는 프로젝트 작업 등으로 일정을 짜는 것이다. 이는 각 작업이 주어진 시간 내에 완료되는 데 도움이 된다.

시간상자 기법은 파킨슨의 법칙을 한층 더 구체적으로 적용한 것이다. 각 작업에 일정한 시간을 할당하고, 그 시간 내에 작업을 완료하는 것을 목표로 한다. 예를 들어, 이메일 확인 및 회신에 30분, 보고서 작성에 1시간을 배정하는 식이다. 타이머를 설정하고, 정해진 시간 동안 집중해서 작업을 수행한다.

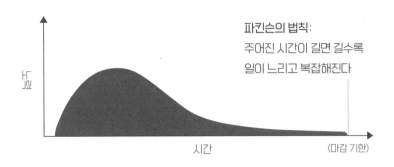

파킨슨의 법칙:
주어진 시간이 길면 길수록
일이 느리고 복잡해진다

(마감 기한)

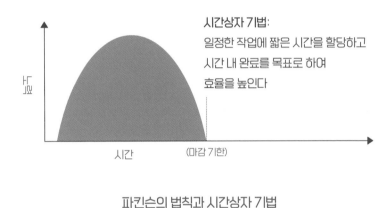

시간상자 기법:
일정한 작업에 짧은 시간을 할당하고
시간 내 완료를 목표로 하여
효율을 높인다

(마감 기한)

파킨슨의 법칙과 시간상자 기법

파킨슨의 법칙을 활용한 시간관리 기법에는 여러 가지 장점이 있다. 우선, 작업에 대한 긴박감을 조성하여 집중력을 높일 수 있다. 또한, 주어진 시간 내에 작업을 완료하기 위해 자연스럽게 효율적인 작업 방식을 채택하게 된다. 더불어 불필요한 일을 줄이고 중요한 일에 집중할 수 있어, 전반적인 생산성 향상으로 이어진다.

그러나 이 법칙에는 몇 가지 단점도 있다. 주어진 시간이 너무 짧으면 작업의 질이 떨어질 수 있으며, 지나치게 많은 작업을 짧은 시간 내에 처리하려 할 경우 과도한 압박을 받을 수 있다. 따라서 파킨슨의 법칙을 적용할 때는 현실적이고 합리적인 시간 설정이 무엇보다 중요하다.

시간분할 기법:
시간블록 나누기

'시간분할 기법Time Blocking'을 아직 접하지 못했다면, 이제 큰 변화를 느낄 준비를 해 보자. 이 기법은 하루를 보내는 방식을 획기적으로 바꾸고, 낭비하는 시간 없이 일하는 모든 순간에 의미 있는 결과를 얻을 수 있게 해주는 강력한 도구이다.

시간분할 기법의 원리는 간단하다. 하루를 여러 개의 시간 구획으로 나누고, 각 구획마다 한 가지 일에만 집중하는 것이다. 마치 퍼즐 조각을 맞추듯이, 하루를 특정 작업을 위해 예약된 전용 시간 블록들로 구성한다. 각 블록 동안에는 다른 작업은 모두 제쳐두고 해당 블록에 할당된 작업에만 온전히 집중해야 한다.

가령, 오전 9시부터 11시까지는 중요한 프로젝트 작업, 11시부터 12시까지는 이메일 확인 및 회신, 오후 1시부터 3시까지는 회의, 3시부터

4시까지는 휴식 시간을 배정했다고 하자. 총 4개의 블록이 생긴 셈이다. 이렇게 시간을 분할한 후에는, 각 블록 동안 오직 그 시간대에 할당된 작업만을 수행한다. 이때 중요한 것은 다른 블록의 작업이나 그 밖의 일들에 신경 쓰지 않는 것이다.

시간분할 기법을 제대로 활용하면, 물리적으로는 여전히 24시간인 하루가 더 길어진 듯한 느낌을 받을 수 있다. 비유하자면, 고속도로에서 여러 차선을 활용해 교통 흐름을 최적화하는 것과 같다. 차량들이 자신의 차선을 따라 원활하게 이동하듯, 시간블록차선당 작업차량을 할당함으로써 업무를 더 효율적으로 처리할 수 있다.

디지털 시대의 각종 방해요소에서 집중력을 지키는 법

이 기법의 가장 큰 장점은 전환비용을 줄일 수 있다는 것이다. 전환비용은 한 작업에서 다른 작업으로 전환하는 데 드는 정신적 에너지다. 앞서도 강조했듯, 우리의 작업 기억력은 무한하지 않다. 멀티태스킹이나 장시간의 집중은 오히려 인지 자원을 고갈시킨다. 시간분할 기법은 작업을 더 작은 단위로 나누어 인지 부하를 줄이고, 전환비용을 최소화하여 각 부분에 집중할 수 있게 해준다.

또한, 두뇌는 90분에서 120분 간격의 생체리듬을 따를 때 더 잘 작동한다. 이를 '울트라디안 리듬'이라고 하는데, 집중력과 에너지가 높아졌다가 낮아지는 반복적인 이 주기를 파악하면 최고의 정신 능력을 발휘하고 생산성을 높일 수 있다. 이러한 리듬에 맞춰 작업을 구분할 수 있다는 것은 시간분할 기법의 장점 중 하나다. 울트라디안 리듬을 고려하여 시간블록을 구성하면, 집중력의 피크 타임을 최대한 활용하고, 에너지가 떨어질 때 자연스럽게 휴식을 취할 수 있어 업무 성과가 향상된다. 즉, 한 번에 90~120분 정도 집중해서 일하고, 그 후에 짧은 휴식을 취함으로써 뇌의 자연스러운 리듬을 따라 작업 효율과 생산성을 극대화할 수 있다.

더 나아가, 심리학자 미하이 칙센트미하이가 말하는 '몰입Flow 상태'에 도달하는 데도 이 기법이 큰 도움이 된다. 외부의 방해요소를 차단하고 개별적인 작업 간격을 만들어 완전한 집중 상태에 빠질 수 있기 때문이다. 이를 통해 평소에는 상상하기 힘든 수준의 생산성과 창의성을 경험할 수 있다.

베스트셀러 작가이자 컴퓨터 공학자인 칼 뉴포트는 특히 이 기법의 중요성을 강조한다. 그는 우선순위가 높은 심층 과제를 식별한 후이에 필요한 시간을 계산하고 엄격한 데드라인을 설정하여 집중한다. 또한, '고정 일과 생산성'이라고 부르는 원칙에 따라 일정한 시간이 지나면 절대로 일을 더하지 않도록 스스로 제약을 둔다.

이러한 접근 방식은 방해요소를 줄이고, 의사결정의 피로를 최소화

히며, 중요하고 의미 있는 작업에 일관되게 집중하는 데 도움이 된다. 뉴포트에 따르면, 이러한 집중적인 작업 시간은 높은 성과를 거두는 핵심 비결이다.

지금까지 살펴보았듯, 시간분할 기법은 우리의 인지적 한계를 극복하고, 디지털 시대의 끊임없는 방해 속에서도 깊이 있는 작업을 가능케 하는 강력한 무기다. 이 기법을 통해 시간의 압박에서 벗어나 심리적 안정감을 얻고, 궁극적으로는 시간활용 능력을 극대화할 수 있다.

시간분할 기법, 어떻게 할까?

할 일 목록 작성 및 우선순위 설정하기

할 일 목록 작성부터 시작해 보자. 그리고 각 작업의 중요도와 긴급성에 따라 우선순위를 매긴다. 앞서 소개한 ABCED 기법이나 아이젠하워 매트릭스를 이용하여 중요한 것과 덜 중요한 것을 구분한다. 계속 이야기하지만, 이는 마치 큰 돌멩이와 작은 자갈을 물병에 넣는 것과 같다. 우선순위를 매기지 않으면 중요한 일은 밀리고 덜 중요한 일들로 시간을 낭비하게 된다. 큰 돌멩이, 즉 중요한 작업을 먼저 처리하고 나머지 시간에 작은 자갈을 채워 넣는 것이 시간분할 기법의 기본이다.

각 작업의 소요 시간 추정하기

두 번째 단계는 각 작업에 소요되는 시간을 추정하는 것이다. 현실적으로 작업 시간을 평가해야 한다. 너무 엄격하게 잡지 말고, 조금 여유 있게 시간을 잡는 것이 좋다. 모든 일에는 변동성이 존재하기 마련이다. 한 번 삐끗한다고 해서 전체 일정에 차질이 생기면, 사기가 저하되고 전반적인 생산성이 떨어질 수 있다.

상상해 보자. 비행기가 오후 2시 출발인 경우 보통 12시나 12시 반쯤에는 공항에 도착할 것이다. 체크인, 보안 검색, 게이트 찾기 등의 과정에서 생길 수 있는 예상치 못한 지연에 대비하고, 여유 있게 탑승하기 위해서다. 이와 마찬가지로, 업무 시간을 넉넉히 잡아두면 예상치 못한 상황에 여유롭게 대응할 수 있다. 게다가 일이 생각보다 빨리 끝나면 그 남은 시간을 다른 일에 효과적으로 쓸 수 있어 일석이조다.

시간블록 설정 및 캘린더에 반영하기

자, 이제 캘린더에 시간블록을 설정하자. 드디어 퍼즐 조각을 맞추듯 하루의 시간을 구성할 차례다.

먼저, 앞서 추정한 시간을 바탕으로 각 작업에 대한 시간블록을 만들자. 중요한 것은 자신의 에너지 수준에 맞춰 블록을 배치하는 것이다. 예를 들어, 아침에 집중력이 높다면 중요한 업무를 그 시간대에 배치한다. 운동 순서를 떠올리면 이해하기 쉬울 것이다. 운동을 할 때는 최대의 효율을 위해 워밍업을 하고, 본 운동을 하며, 마지막으로 쿨다운 시간을 가진다. 마찬가지로 하루의 일정도 에너지 수준에 맞춰 배치하면 더 큰 효과를 얻을 수 있다.

또한, 시각적으로 보기 쉽게 캘린더에 색상을 지정하는 것이 좋다. 회의는 파란색, 중요한 업무는 빨간색, 개인 시간은 녹색으로 표시하는 식이다. 이렇게 하면 한눈에 일정을 파악할 수 있으며, 어떤 작업이 언제 필요한지 명확히 알 수 있다. 게다가 시간의 흐름을 시각적으로 볼 수 있어, 하루의 리듬을 관리하기가 더 수월해진다.

즉, 시간블록 설정은 단순히 일정을 나열하는 것이 아니라, 자신의 에너지와 업무의 중요도를 고려해 하루를 효과적으로 설계하는 과정이라 하겠다.

버퍼 시간 설정

시간분할 기법을 더욱 효과적으로 만드는 비결 중 하나는 바로 버퍼 시간이다. 이는 각 작업 블록 사이에 10~15분 정도의 여유 시간을 두는 것을 말한다.

이 버퍼 시간은 여러모로 유용하다. 우선, 예기치 않은 상황에 대비할 수 있다. 또한, 한 작업에서 다른 작업으로 전환할 때 필요한 정신적 준비 시간이 생기므로, 지치지 않고 계속해서 집중력을 유지하는 데 도움이 된다.

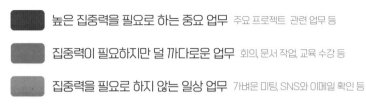

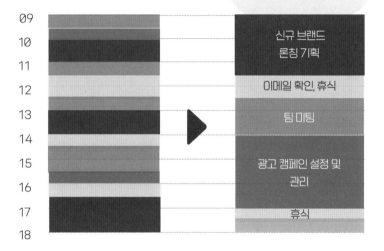

마케팅 매니저 A씨의 예: 일반적인 시간관리에서 시간분할 기법으로

실행 및 피드백

모든 준비가 끝났다면, 설정한 시간블록에 따라 하루를 시작해 본다. 각 시간블록 동안에는 다른 모든 작업을 제쳐두고 해당 작업에만

집중한다. 영화 한 편을 볼 때 두 시간 동안 온전히 영화에 집중하는 것처럼, 각 작업에 그와 같은 집중력을 부여하는 것이다.

하루 일과를 마친 후에는 반드시 자신이 설정한 시간블록이 얼마나 효과적이었는지 평가해 보자. 필요한 경우 다음 날의 시간블록을 조정하여 더 효율적인 일정을 만들어갈 수 있다. 이런 과정을 반복하다 보면, 점차 자신에게 가장 잘 맞는 시간분할 방식을 찾을 수 있을 것이다.

이제 지금까지 살펴본 시간분할 기법을 실전에 적용할 때이다. 이 방법은 복잡한 퍼즐을 차근차근 맞추듯, 하루를 체계적으로 구성할 수 있게 해 준다. 그리고 그 진가는 특히 '집중'에서 발휘된다. 여러 가지 일을 동시에 하려는 유혹에서 벗어나서 한 번에 한 가지 일에만 온전히 집중할 수 있고, 각 작업에 깊이 몰입하기 좋은 환경을 만들 수 있다.

이 기법은 일을 미루는 습관을 고치는 데도 도움이 된다. 각 작업에 명확한 시작과 끝을 정해두면 '나중에 해야지'라는 생각을 할 여지가 줄어든다. 마치 운동선수가 정해진 훈련 일정을 꾸준히 소화하듯, 일상의 과제들을 계획적으로 하나씩 해결해 나갈 수 있게 될 것이다.

또한, 시간분할 기법은 큰 프로젝트나 부담스러운 과제를 다룰 때 특히 유용하다. 거대해 보이는 일도 작은 시간블록으로 나누어 접근하면, 한 번에 한 단계씩 진행할 수 있어 부담감이 줄어들고 꾸준한 진전을 이룰 수 있다.

시간분할 기법을 더욱 효과적으로 활용하는 방법

시간분할 기법을 통해 생산성의 향상을 경험했다면, 이제 한 단계 더 나아갈 차례다. 다음은 이 기법을 최적화하여 일상을 더욱 효율적으로 만들 수 있는 전략들이다.

황금시간대를 찾아라

우리 모두에게는 하루 중 가장 빛나는 시간이 있다. 태양이 가장 밝게 빛나는 정오처럼, 우리의 집중력과 생산성이 절정에 이르는 시간대가 존재한다. 이 '황금시간대'를 찾아내는 것이 시간분할 기법의 성공을 좌우한다.

어떻게 찾을 수 있을까? 시중에 나와 있는 다양한 스케줄링 앱을 활용하거나, 직접 하루 동안의 에너지 흐름을 기록해 보는 것도 방법이다. 많은 이들이 아침을 생산성 높은 시간으로 꼽지만, 각자 체질이 다르듯 황금시간대도 다를 수 있다. 어떤 이는 밤늦게 창의력이 폭발하는 '올빼미형'일 수 있고, 또 다른 이는 오후 시간대에 가장 집중력이 높아지는 '점심 이후형'일 수도 있는 것이다. 그러므로 자신만의 리듬을 정확히 파악하는 것이 중요하다.

자신의 황금시간대를 찾기 위해서는 일주일 정도 시간대별로 에너지 수준과 집중도를 기록해 보는 것이 좋다. 마치 식단 일지를 쓰듯, 시간대별로 컨디션과 집중도를 꼼꼼히 기록하다 보면 어느새 패턴이 드러날 것이다. 이렇게 발견한 자신만의 황금시간대에 가장 중요하고 집중력이 필요한 일을 배치하면 시간분할 기법의 효과를 극대화할 수 있다.

비슷한 일은 한데 모아라

비슷한 작업을 일괄 처리하는 것도 요령이다. 예를 들어, 하루 종일 수시로 이메일을 확인하는 대신 특정 시간대에 집중적으로 처리하면 어떨까? 이렇게 하면 이메일로 인한 주의 분산을 막을 수 있다. 회의나 깊이 있는 작업도 마찬가지다. 비슷한 성격의 일들을 모아서 처리하면 두뇌의 전환비용을 줄이고, 더 효율적으로 일할 수 있다.

포모도로 기법을 활용하라

포모도로 기법Pomodoro Technique은 타이머를 사용해 일반적으로 25분 간격으로 일을 나누고, 그 사이에 5분 정도 짧은 휴식을 취하는 시간관리 방법이다. 4번의 세션이 끝나면 15~30분 정도의 긴 휴식을 갖는다.

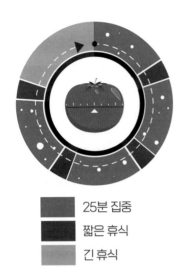

	25분 집중
	짧은 휴식
	긴 휴식

포모도로 기법이란

이 방식은 작업에 깊이 몰입할 수 있는 시간을 확보하면서도 번아웃을 예방하는 데 탁월하다. 정신적 체력과 집중력을 유지하는 데 도움을 줄 뿐더러, 짧은 주기의 작업과 휴식이 반복되어 지속적인 성취감을 느낄 수 있다. 포모도로 타이머는 컴퓨터나 휴대폰 애플리케이션을 통해 쉽게 사용할 수 있으니, 지금 바로 시도해 보기를 권한다.

시간블록의 목표를 명확히 정의하라

각 시간블록에서 구체적으로 무엇을 완료하고자 하는지 알면 방향과 의도를 잡을 수 있다. 예를 들어, '프로젝트 보고서의 도입부 초안 완성하기'와 같은 구체적인 목표를 설정하면 진척도를 추적하는 데 도움이 된다.

여행을 계획할 때 목적지가 확실해야 효율적으로 경로를 잡을 수 있듯이, 작업의 목표 또한 명확해야 작업 과정 중에 방향을 잃지 않고 원하는 결과에 도달할 수 있다. 이는 단순히 일의 완료 여부를 확인하는 것을 넘어, 우리의 노력이 올바른 방향으로 향하고 있는지를 지속적으로 점검할 수 있게 해준다.

방해요소를 없애라

집중력을 높이는 또 다른 핵심은 방해요소를 제거하는 것이다. 정원에서 잡초를 뽑아내듯, 업무 환경에서도 집중을 방해하는 요소들을 제거해야 한다.

첫째, 휴대폰을 무음으로 설정하자. 당연한 이야기지만, 끊임없이 울리는 알림음은 주의를 산만하게 만든다. 일정한 시간 동안 알림을 아예 꺼두거나, '집중 모드'를 활용하여 중요하지 않은 알림을 차단하는 것도 효과적이다.

둘째, 웹사이트 차단 소프트웨어를 활용해 보자. SNS나 포털 사이트처럼 주의를 분산시키는 웹사이트를 일시적으로 차단하면 집중력을 유지하는 데 도움이 된다.

셋째, 동료들에게 당신의 '집중 시간'을 알려주자. 중요한 업무를 할 때는 방해받지 않도록 미리 알려두는 것이 좋다.

정기적으로 점검하고 조정하라

시간분할 기법은 정적인 도구가 아니라, 자신과 함께 성장하는 동적인 시스템이다. 따라서 정기적으로 이를 점검하고 조정하는 과정이 필수적이다. 매일 피드백에 더하여, 주나 월 단위로 점검 및 조정 시간을 가져 보자. 적절하게 시간블록을 설정하고 있는지, 그리고 작업이 얼마나 진척되었으며 목표 달성에 성공하였는지 등을 파악하면, 더 효율적인 시간관리 전략을 수립해 나갈 수 있을 것이다.

이를 위해서는 시중에 나와 있는 다양한 타임 트래커 어플을 사용하는 것이 도움이 된다. 간단한 원클릭 타이머인 '토글Toggle', 집중 세션의 타이머를 선택하면 방해요소들을 차단해 주고 일일 작업 목표를 확인하는 데 도움을 주는 '레스큐타임RescueTime', 팀 프로젝트를 관리하기에 좋은 '클라키파이Clockify', 집중 시간 동안 가상의 나무를 키움으로써 디지털 디톡스를 경험하게 하는 독특한 콘셉트의 '포레스트Forest' 등이 대표적이다.

유연성을 확보하라

구조화된 계획도 중요하지만, 삶의 예측 불가능성을 고려한 유연성 또한 필수다. 탄탄한 뼈대 위에 유연한 근육이 필요한 것처럼, 시간분할 기법에도 융통성이 필요하다.

앞서 버퍼 시간에 대해 언급했던 것을 기억하는가? 블록 사이에 버퍼 시간을 두어 예기치 않은 상황에 대응할 수 있는 여유를 확보하자. 이렇게 하면 갑작스러운 업무나 예상치 못한 상황에도 유연하게 대처할 수 있어 스트레스가 줄어들고, 전체적인 일정을 더욱 원활하게 진행할 수 있다.

일정을 조정하거나 우선순위를 변경하는 유연성도 필요하다. 예를 들어, 특정 작업이 예상보다 빨리 끝나거나 예기치 못한 휴식 시간이 생기면 그 시간을 다른 중요한 업무로 전환할 수 있어야 한다. 또한, 일이 길어질 경우 계획된 다음 작업을 유연하게 재배치하거나 우선순위에 따라 덜 중요한 일을 미루는 것이 필요하다. 즉, 하나의 블록마다 할당된 작업을 한다는 시간분할 기법의 원칙만 지킨다면 상황에 따른 유동적인 관리가 가능하다. 이를 통해 자신에게 맞는 시간분할 방식을 찾게 될 수도 있다.

이제 이어서 '시간상자 기법'에 대해 알아보자. 시간분할 기법과 함께 사용하면 생산성을 극대화할 수 있는 또 다른 강력한 도구다.

시간상자 기법:
시한폭탄이 든 상자

'시간상자 기법Time Boxing'은 미리 정해진 일정 시간 동안만 작업을 수행하는 시간관리 기법이다. 시간분할 기법이 하루를 여러 시간블록으로 나누어 특정 작업에 집중하고, 작업의 종류에 따라 시간을 분배하는 것이라면, 시간상자 기법은 특정 작업을 정해진 시간 내에 완료하도록 설정하는 것이다. 차이점이라면, 시간분할 기법은 주로 장기적인 시간관리를 위한 것이고, 시간상자 기법은 효율성을 높이고 작업의 긴급성을 인식하기 위해 활용한다.

시간상자 기법은 생산성을 향상시키고 시간 제약을 개선하거나 강화하는 측면에서 다른 기법들과 유사하다. 이를 제한 시간이 있는 게임의 미션처럼 생각하면, 더욱 도전적이고 흥미진진한 경험으로 만들수 있다.

중요한 시험이 다가와서 읽어야 할 교재와 노트 더미가 쌓여 있는 상황을 가정해 보자. 시계는 똑딱거리고 있고, 스트레스가 커져 간다. 이때 학습 시간을 시간상자로 나누어 관리하면 훨씬 효율적으로 공부할 수 있다. 1장 공부에 30분, 2장 공부에 30분을 할당하는 식으로 시간을 분배하면 각 시간상자 안에서 집중력을 최대한 발휘하게 된다. 이렇게 시간을 정해두면 긴박감이 생긴다. 이는 단순히 시간을 효율적으로 관리하는 좋은 방법일 뿐만 아니라, 생산성을 크게 향상시켜 준다.

제목에서 시간상자를 '시한폭탄이 장착된 상자'라고 표현했듯이, 시간상자 기법은 적절한 긴박감을 조성함으로써 효율을 높여준다. 이 기법의 핵심은 특정 시간 내에 작업을 완료해야 한다는 압박감이다. 이러한 압박감은 미루는 습관을 극복하고 작업에 집중하게 만든다.

이는 파킨슨의 법칙과 맥을 같이 한다. 파킨슨의 법칙에 따르면, 주어진 시간이 길수록 일은 느려지고 복잡해진다. 반면 시간상자 기법은 이용 가능한 시간을 줄여 작업의 밀도를 높이고, 결과적으로 일을 더 빨리 끝낼 수 있게 한다. (84페이지 그래프를 참고하라.)

예를 들어, 보고서 작성 시 시간제한이 없다면 한 문장을 쓰는 데도 몇 시간이 걸릴 수 있다. 그러나 1시간이라는 제한 시간이 주어지면, 핵심에 집중하여 초안을 신속히 작성하게 된다. 이처럼 시간제약은 더 통합적이고 생산적으로 일하게 만들며, 자연스럽게 집중력을 높인다.

이는 '고강도 인터벌 트레이닝HIIT'과 비슷하다. 짧은 시간 동안 집중적으로 운동하고 휴식을 취하는 HIIT처럼, 시간상자 기법도 집중적인 작업과 휴식의 균형을 맞춘다. 이러한 접근법은 어렵거나 부담스러운 작업도 더 수월하게 느끼도록 해 준다.

시간상자 기법의 또 다른 장점은 전체 일정 관리에 있다. 각 작업에 시간제한을 두면 다른 활동을 위한 여유를 확보할 수 있다. 이렇게 함으로써 한 가지 일이 하루의 모든 시간을 잠식하는 것을 막고, 다양한 활동들 사이에 건강한 균형을 유지하는 것이 가능해진다. 특히 이 기법은 큰 프로젝트를 다룰 때 그 진가를 발휘하는데, 거대해 보이는 과제를 작고 관리하기 쉬운 단위로 나누어 체계적으로 접근할 수 있게 해 주기 때문이다.

시간상자 기법을 통해 하루를 보다 효율적으로 관리하고, 각 작업에 긴박감을 부여하여 생산성을 극대화해 보자. 시한폭탄이 든 상자를 다루듯 매일의 작업에 임한다면, 긴장감 속에서 최고의 성과를 낼 수 있을 것이다.

어떻게 실행하면 좋을까?

우선, 각 작업에 대해 현실적이지만 도전적인 시간제한을 설정하는 것부터 시작한다. 예를 들어, 이메일 확인 및 회신에 30분, 보고서 작성에 1시간, 프로젝트 계획에 90분을 할당할 수 있다. 처음에는 짧은 시간상자로 시작해 보고, 작업이 복잡해질수록 시간을 확장해 나가는 방식이다. 퍼즐을 맞추듯, 각 작업을 주어진 시간 내에 완료하기 위해 집중하는 것이다.

시간상자를 관리하기 위해서는 타이머를 사용하는 것이 좋다. 주방용 타이머, 스마트폰 앱, 또는 토글이나 클로키파이 같은 전문 타이머 애플리케이션을 활용할 수 있다. 타이머를 설정하고 그 시간 동안 최대한 집중해 작업을 수행한다. 타이머가 울리면 작업이 완료되지 않았더라도 멈추는 것이 중요하다. (시간블록은 다소 유연하게 조절하더라도 시간상자는 설정된 시간을 넘기지 않아야 한다. 그렇지 않으면 시간상자 자체의 효용성이 줄어든다.) 이렇게 하면 자연스럽게 긴박감을 조성하고 업무 효율을 크게 높일 수 있다.

작업의 우선순위를 정하는 것도 매우 중요하다. 하루를 효과적으로 정리하면 중요한 일들에 더 많은 시간과 에너지를 할애할 수 있다. 앞서 소개한 아이젠하워 매트릭스와 ABCDE 방법은 작업의 중요도와 긴급도에 따라 우선순위를 정하는 데 유용한 도구다. 선호하는 방식으로 우선순위를 설정한 후, 긴급하고 중요한 작업에는 즉시 시간상자를 배정한다. 그리고 덜 중요한 작업은 후순위로 미루거나 다른 사람에게 위임하자.

재충전을 위해 시간상자 사이에 짧은 휴식 시간을 추가하면 업무에 더욱 집중할 수 있어 번아웃을 예방하는 데 도움이 된다. 시간분할 기법에서도 소개했던 포모도로 기법을 사용해 보자. 25분 동안 집중해서 일하고 5분 동안 휴식하는 포모도로 기법은, 운동할 때 세트 사이에 짧은 휴식을 취해 근육을 회복시키고 다음 세트에 더 집중할 수 있게 하는 것과 같은 원리다. 이렇게 하면, 긴 작업 시간에도 불구하고 지치지 않고 꾸준히 높은 성과를 유지할 수 있다.

혁신 현장에서 사랑받는 시간관리술

일론 머스크는 시간상자 기법을 활용하는 대표적인 인물로 꼽힌다. 테슬라와 스페이스X의 CEO로서 여러 가지 중요한 역할을 수행해야 하는 머스크는 업무 시간을 5분 단위로 쪼개어 구체적인 작업과 회의에 할당한다.

머스크의 하루 일정을 살펴보면, 그가 얼마나 세밀하게 시간을 관리하는지 알 수 있다. 예를 들어, 아침 8시에 시작하는 회의는 8시 5분에 끝나고, 바로 8시 10분에 다음 회의가 시작된다. 각 업무와 회의를 정확한 시간에 맞춰 진행함으로써 불필요한 시간을 줄이고 집중력을 극대화한다.

참고로, 그는 시간분할 기법도 활용하고 있다. 중요한 회의나 업무는 하루 중 집중력이 가장 높은 시간대에 배치하고, 덜 중요한 업무는 상대적으로 에너지가 떨어지는 시간대에 배치한다. 각 시간블록에 맞춰 업무의 우선순위를 철저히 정하고, 그 안에서 5분 단위의 시간상자 기법을 적용하는 식이다. 머스크의 시간관리 방법은 극단적으로 보일 수 있지만, 이를 통해 그는 주어진 시간 내에 최대한의 생산성을 발휘하고 중요한 일에 집중하며, 불필요한 시간을 최소화하고 있다.

머스크의 시간관리 방법은 그가 테슬라 운영, 스페이스X의 우주 탐사, 뉴럴링크의 뇌-컴퓨터 인터페이스 연구 등 여러 프로젝트를 동시에 진행할 수 있게 해주는 중요한 요소이다. 각 프로젝트에 할당된 시간을 엄격히 지키고, 필요할 때는 신속하게 우선순위를 조정함으로써 지속적인 혁신을 이끌고 있다. 어쩌면 시간상자 기법은 그가 막중한 책임을 감당하면서도 지속적으로 혁신을 이루는 비결 중 하나일지 모른다.

한편, 마이크로소프트는 소프트웨어 개발에 시간상자 기법을 가장 성공적으로 적용한 기업 중 하나로 평가받는다. 마이크로소프트는 애자일 방법론의 일환인 '스프린트' 기법을 활용하여 모든 직원이 정해 진 기간 동안 집중적으로 작업할 수 있도록 한다.

스프린트는 일정 기간주로 2주 동안 완료해야 할 작업을 정의한 후 해당 기간 동안 팀이 집중적으로 작업을 진행하는 방법으로, 시간상자 기법과 매우 유사하다. 스프린트의 주요 목적은 실행 가능한 기능이나 제품의 일부를 완성하여 팀이 이를 시연하거나 리뷰하는 것이며, 이를 통해 팀은 구체적인 목표와 결과물을 설정하고 그에 따라 업무를 효율적으로 진행한다.

예컨대, 마이크로소프트의 팀은 새로운 소프트웨어 기능을 개발할 때 이를 작은 작업 단위로 나누어 2주 동안 집중적으로 작업한다. 스프린트가 끝나면 팀 전체가 모여 결과물을 시연하고, 피드백을 공유하며, 필요에 따라 작업 방향을 조정한다. 이를 통해 작업의 진행 상황을 명확히 파악하고, 신속하게 조치를 취할 수 있다. 이러한 방법론은 협업을 촉진하고, 프로젝트의 가시성을 높이며, 마이크로소프트의 전체적인 개발 흐름을 개선하는 데 큰 역할을 했다.

시간분할 기법과
시간상자 기법 결합하기

　시간관리에서 가장 효과적인 방법 중 하나는 시간분할 기법과 시간상자 기법을 결합하는 것이다. 이 기법들을 조화롭게 활용하면 생산성을 높이고, 보다 체계적으로 일정을 관리할 수 있다.

　시간분할 기법이 하루의 큰 그림을 제공한다면, 시간상자 기법은 그 안에서 세부적인 작업 관리를 돕는다. 이를 통해 하루 전체의 일정을 효과적으로 조직하면서도, 각 작업에 필요한 집중력과 효율성을 확보할 수 있다.

　두 기법의 장점을 극대화하여 시너지 효과를 만들어내는 셈이다.

　먼저, 하루를 계획하는 것으로 시작한다. 시간분할 기법을 이용해 하루를 다양한 유형의 작업이나 활동에 할당된 시간블록으로 나눈다. 예를 들어, 오전이 황금시간대이고 오후에 에너지가 떨어지는 스타일이라면, 오전에는 프로젝트 작업에 집중하고, 오후에는 회의와 이메일 확인 및 회신, 간단한 전화 통화 등을 위한 블록을 설정하는 식이다. 이렇게 하면 하루 일정을 미리 구조화할 수 있고, 각 시간블록에 집중할 수 있는 기반이 마련된다.

그 다음에는 각 시간블록 내에서 개별 작업에 대한 특정 시간상자를 설정한다. 이렇게 함으로써 일과의 체계를 더욱 정교하게 만들고, 개별 작업의 효율성을 높일 수 있다. 예를 들어, 프로젝트 작업 시간블록 내에서 특정 작업에 30분 또는 1시간을 할당하면 주어진 시간 내에 작업을 완료하기 위해 집중력이 높아지며, 불필요한 시간 소모가 줄어든다.

여기서 중요한 요소 중 하나는 타이머를 사용하는 것이다. 타이머는 특히 시간상자를 설정할 때 매우 유용하다. 방식은 앞서 설명한 대로다. 타이머를 설정하고, 그 시간 동안 최대한 집중해서 작업을 수행한다. 타이머가 울리면 작업이 완료되지 않았더라도 멈추고, 다음 작업으로 넘어가야 한다. 적절한 긴장감을 유지함으로써 업무 효율을 크게 높이는 방법이다.

현실적인 시간 계획을 세우는 것도 매우 중요하다. 각 작업에 무리되지 않는 시간을 배정해야 한다. 너무 짧은 시간은 불필요한 스트레스를 유발하고, 반대로 너무 긴 시간은 집중력을 떨어뜨릴 수 있다. 적절한 시간을 설정하면 작업을 보다 효율적으로 완료할 수 있을 것이다.

휴식 시간을 포함시키는 것 또한 잊지 말자. 쉼 없이 일만 하다 보면 쉽게 지치고 생산성이 떨어지기 마련이다. 짧은 산책을 하거나 스트레칭을 하는 등 간단한 활동을 통해 잠시 머리를 식히는 것이 좋다. 이렇게 짧은 휴식을 자주 취하면 오히려 더 오래 집중할 수 있다.

프리랜서 디자이너인 지영 씨의 하루를 살펴보자. 그녀는 다양한 디자인 프로젝트를 동시에 관리하고 있다.

이를 위해 오전 9시부터 10시까지는 클라이언트와의 이메일 확인 및 회신 시간으로 설정하고, 이 시간 내에 30분 동안 이메일을 확인하고 답장하는 시간상자를 설정했다.

10시부터 12시까지는 디자인 작업 시간으로 설정하고, 이 블록 내에서 1시간 동안 로고 디자인을 진행했다.

12시부터 오후 1시까지는 점심식사를 하고 짧은 산책을 통해 재충전의 시간을 가졌다.

오후 1시부터 4시까지는 또 다른 프로젝트 작업 시간을 설정하고,

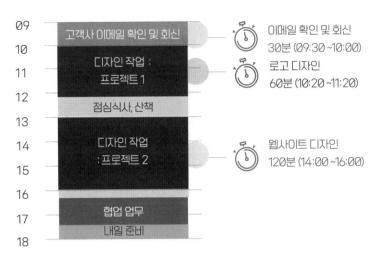

09	고객사 이메일 확인 및 회신	이메일 확인 및 회신 30분 (09:30 ~10:00)
10		
11	디자인 작업 : 프로젝트 1	로고 디자인 60분 (10:20 ~11:20)
12		
	점심식사, 산책	
13		
14	디자인 작업 : 프로젝트 2	웹사이트 디자인 120분 (14:00 ~16:00)
15		
16		
17	협업 업무	
18	내일 준비	

디자이너 지영 씨의 하루: 시간블록으로 분할 후 시간상자 설정

이 블록 내에서 2시간 동안 웹사이트 디자인을 진행했다. 그리고 잠시 스트레칭을 하며 머리를 식혔고, 이후 5시 반까지는 웹사이트 디자인과 관련해 체크해야 할 협업 사항과 관련 작업들을 수행했다.

이후 6시까지는 남은 이메일 확인과 추가적인 업무 정리를 했다.

각 작업 사이에는 10분씩 휴식 시간을 포함하여 커피를 마시며 창밖을 바라보거나, 가벼운 스트레칭을 하면서 집중력을 유지했다.

시간분할 기법과 시간상자 기법의 결합은 우리의 일상생활과 업무에 큰 변화를 가져올 수 있다. 시간을 효과적으로 관리하여 주어진 시산 내에 최내한의 성과를 내도록 하자. 시간분할 기법과 시간싱자 기법을 결합하면 하루 일정을 보다 명확하게 구조화하고, 각 작업에 대한 집중력을 극대화할 수 있다. 이를 통해 생산성을 높이고, 보다 체계적으로 일정을 관리할 수 있을 것이다.

마이크로 목표 설정과
미니멀 태스크

지금까지 시간분할 기법과 시간상자 기법을 통해 일정을 구조화하고 효율적으로 관리하는 방법을 소개했다. 이제 이를 더욱 효과적으로 활용하기 위해 '미니멀 태스크'와 '마이크로 목표 설정'에 관해 논의해 보자. 이 2가지 기법은 작업을 세분화하고, 작은 목표를 통해 큰 목표를 체계적으로 달성하는 데 도움이 된다. 이는 우리의 일상 업무를 더 잘 관리하고, 동기 부여를 지속시키며, 성취감을 높이는 데 기여할 수 있다.

캘리포니아 도미니칸 대학교 심리학 교수인 게일 매튜스 박사의 흥미로운 연구를 보자. 목표 달성 확률을 조사한 이 연구에서, 목표를 글로 적은 참가자는 단순히 생각만 한 참가자보다 성공 확률이 18%

높았다. 더 나아가, 목표를 적고 이를 삭고 구체적이며 달성 가능한 행동 단계로 세분화한 후 매주 진행 상황을 보고한 사람들은 무려 76%의 성공률을 보였다. 목표에 대해 생각만 한 사람들과 비교하면, 실천 단계별로 세세하게 목표를 설정한 사람들의 성공 확률이 33%나 더 높았다.

이는 마이크로 목표를 설정한 사람들이 더 좋은 결과를 얻었다고 해석할 수 있다. 그렇다면 마이크로 목표란 무엇일까?

'마이크로 목표micro-goal'는 큰 목표를 작은 단위로 나누어 체계적으로 달성해 나가는 방법이다. 큰 목표를 작은 조각으로 나눔으로써 성취감을 높이고, 작업의 진행 상황을 가시화하며, 지속적인 동기 부여에 도움을 준다.

예를 들어, '운동하기'라는 막연한 목표 대신에 '매일 아침 10분간 걷기'와 같은 구체적인 행동을 설정하는 식이다. 이러한 작은 목표는 쉽게 실현 가능하기 때문에 더 자주 성취감을 느낄 수 있고, 이는 전체 목표를 달성하는 데 필요한 자신감을 키워준다.

또한 큰 목표는 달성하는 데 시간이 걸리기 때문에 중간에 동기를 잃기 쉽지만, 마이크로 목표는 단기간에 달성할 수 있으므로 지속적인 동기 부여에 도움이 된다. 예를 들어, 체중 감량이 목표라면 '6개월 동안 10kg 감량하기'라는 큰 목표 대신 '매일 아침 30분씩 걷기', '매일 채소를 한 끼 이상 먹기', '저녁 식사 후에는 디저트 안 먹기'와 같은 마이크로 목표를 설정할 수 있다.

비슷한 맥락에서, 독서 같은 일상적인 습관 형성 면에서도 효과를 기대할 수 있다. '한 달에 책 2권 읽기'라는 큰 목표 대신, '매일 자기 전 15분씩 독서하기', '주말마다 1시간 독서 시간 확보하기'와 같은 작은 목표를 세우면 지속적으로 독서 동기가 부여된다.

또 다른 예로, 업무 능력 향상을 목표로 하는 경우를 생각해 보자. '3개월 동안 새로운 프로그래밍 언어 배우기'라는 큰 목표보다는 '매주 월, 수, 금 1시간씩 온라인 강의 수강하기', '주말마다 작은 프로젝트 완성하기'와 같은 마이크로 목표를 설정하는 것이 효과적이다. 이렇게 하면 학습 진행 상황을 명확히 파악할 수 있고, 각 단계 완료마다 성취감을 얻을 수 있다.

지금까지의 이야기를 정리해 보자. 마이크로 목표 설정의 장점은 다음과 같다.

기능적 명확성 　마이크로 목표는 명확하고 기능적인 중간 단계 목표를 제시해 준다. 이를 통해 구체적인 행동 계획을 세우고 실천할 수 있다.

동기 부여 마이크로 목표를 달성할 때마다 느끼는 성취감이 지속적인 동기 부여로 이어진다. 작은 승리의 경험이 더 큰 목표를 향한 추진력이 되는 것이다.

스트레스 감소 거대한 프로젝트를 한 번에 처리하려면 부담감이 클 수밖에 없다. 반면, 마이크로 목표로 나누어 진행하면 스트레스가 현저히 줄어든다. 이는 큰 과제를 더 관리하기 쉬운 단위로 나누는 효과가 있다.

긍정적인 순환 마이크로 목표를 지속적으로 달성하다 보면 자연스럽게 추진력과 자신감이 쌓인다. 이는 일종의 긍정적인 피드백 루프를 형성하여 더 큰 성과로 이어질 수 있다.

마이크로 목표는 게임의 미니 보스와 같다. 최종 목표에 도달하기 위해 순차적으로 극복해 나가야 하는 작은 도전 과제들인 셈이다. 이런 단기적이고 명확한 목표들은 대개 며칠 내에 달성할 수 있어서 그때마다 즉각적인 성취감을 얻을 수 있다.

마이크로 목표가 큰 효과를 발휘하는 이유가 바로 여기에 있다. 구체적인 결과를 빠르게 확인할 수 있고, 이를 통해 얻는 만족감이 더 큰 목표를 향해 계속 나아갈 수 있는 원동력이 되기 때문이다. 이러한 과정을 통해 큰 목표를 향해 꾸준히, 그리고 효과적으로 전진할 수 있게 된다.

마이크로 목표 실현하기: 부담 없는 미니멀 태스크가 제격!

마이크로 목표를 더 쉽게 실천할 수 있게 해주는 유용한 방법이 바로 '미니멀 태스크minimal task'다. 이는 큰 목표를 작고 관리 가능한 단위로 나누어, 한 입에 쏙 들어가는 작은 작업으로 만드는 것이다. 예를 들어, '하루에 A4 3장씩 쓰기'라는 마이크로 목표가 있다면 '글쓰기 공간 정리하기', '매일 글쓰기 계획 세우기', '25분 집중해서 글쓰기'와 같은 미니멀 태스크로 세분화할 수 있다. 이렇게 하면 각 작업을 시작하고 완료하는 과정이 훨씬 수월해지고, 매번 작은 성취감을 느끼며 목표에 한 걸음 더 가까워질 수 있다.

큰 목표는 거대한 직소퍼즐과 같다. 모든 조각을 한 번에 맞추기는 어렵지만, 작은 조각들을 하나씩 맞추다 보면 어느새 완성된 그림이 나타난다. 마이크로 목표와 미니멀 태스크는 이처럼 큰 목표를 작은 조각으로 나누어, 실행 가능한 단계로 만들어준다. 예를 들어, 장기적인 목표가 책 쓰기라면 마이크로 목표로 '각 장의 개요 작성', '하루에 3장씩 쓰기', '아이디어와 주제 조사하기', '한 번에 한 장씩 편집하기' 등을 설정할 수 있다.

이런 식으로 큰 목표를 단기적인 마이크로 목표로 나누면 목표 달성을 위해 가야 할 길이 명확해진다. 나아가 시간이 지남에 따라 자신이 얼마나 잘해나가고 있는지를 확인할 수 있다. 앞서 예로 든 '하루에 A4 3장씩 쓰기'라는 마이크로 목표를 생각해 보라. 이를 충실히 달성하면 한 달 후에는 A4 90장을 작성하게 된다. 거의 책 한 권에 해당하는 분량이다. 이처럼 마이크로 목표는 큰 목표를 보다 수월하게 이루는 데 효과적이다.

마이크로 목표를 설정한 후에는 미니멀 태스크를 우선순위에 따라 정리하는 것이 중요하다. 예를 들어, 먼저 글쓰기 공간을 정리하고 하루의 글쓰기 일정을 만드는 것부터 시작할 수 있다. 그런 다음 25분 동안 집중해서 글 쓰는 시간을 갖는다. 이렇게 작은 일들을 하나씩 완료하면서 큰 목표에 한 걸음씩 다가갈 수 있다.

일상에서 유용하게 사용할 수 있는 미니멀 태스크 방법이 있다. 바로 '2분 규칙'이다. 데이비드 앨런이 그의 저서 《쏟아지는 일 완벽하게 해내는 법Getting Things Done》에서 소개한 이 규칙은 아주 간단하면서도 효과적이다. 즉, 2분 안에 할 수 있는 일이라면 바로 그 일을 처리하라는 것이다.

이 규칙의 장점은 사소한 일이 쌓여서 할 일 목록을 가득 채우는 것을 막아준다는 데 있다. 예를 들어, 2분 안에 응답할 수 있는 이메일이 있다면 바로 회신한다. 이렇게 하면 작은 일이 쌓여 스트레스를 유발하는 것을 방지할 수 있다. 또한, 이런 작은 작업들을 즉시 처리함으로써 불필요한 걱정을 덜고, 더 중요한 일에 집중할 수 있는 여유가 생긴다.

이 규칙은 언뜻 보면 시간상자 기법과 비슷해 보이기도 한다. 그러나 시간상자는 더 복잡하고 집중이 필요한 작업에 적용되며, 2분 규칙은 일상적인 작은 작업을 신속히 처리함으로써 불필요한 시간을 줄이는 데 중점을 둔다는 차이가 있다. 다시 말해, 시간상자는 특정 작업에 일정한 시간을 배정해 그 시간 동안 집중하도록 돕는 반면, 2분 규칙은 간단한 작업을 즉시 수행해 업무를 효율적으로 관리할 수 있도록 하는 것이 특징이다.

2분 규칙은 지금 바로, 우리의 일상생활에 즉시 적용할 수 있다. 책상 위의 책들을 정리하거나, 간단한 메모를 작성하는 일 등은 2분 이내에 완료할 수 있는 것들이다. 이렇게 자잘한 작업을 바로바로 처리하면 전체적인 작업 흐름이 원활해지고, 큰 프로젝트에 집중할 수 있는 시간이 늘어난다. 집 안의 자잘한 쓰레기들을 보일 때마다 치워두면 나중에 대청소가 덜 번거로워지는 것과 같다.

마이크로 목표와 미니멀 대스그를 체계적으로 관리하기 위해서는 일일 할 일 목록을 작성하는 것이 좋다. 매일 해야 할 구체적인 일을 목록으로 작성하고, 중요도와 마이크로 목표와의 관련성을 기준으로 정렬하면, 집중력을 유지하며 중요한 목표에 더 가까워질 수 있다.

마지막으로, 진행 상황을 모니터링하고 성과를 축하하도록 하자. 마이크로 목표와 미니멀 태스크를 정기적으로 재검토하여 목표 달성에 얼마나 가까워졌는지 확인하고, 작은 성공을 인정하며 스스로에게 보상을 주자. 이는 자신감을 높이고 계속해서 노력하도록 이끄는 중요한 요소다.

이렇게 미니멀 태스크와 마이크로 목표를 설정함으로써 큰 목표를 작은 단위로 나누어 체계적으로 접근할 수 있다. 이는 시간관리 기법과 결합하여 우리의 하루를 더 체계적이고 성취감 넘치게끔 만들어 줄 것이다.

J.K. 롤링의 마이크로 목표형 글쓰기

마이크로 목표와 미니멀 태스크의 효과를 잘 보여주는 사례 중 하나로 〈해리 포터〉 시리즈의 작가인 J.K. 롤링을 들 수 있다. 롤링은 〈해리 포터〉 시리즈를 집필할 당시, 작은 목표를 설정하고 이를 달성해 나가는 방식으로 거대한 프로젝트를 완성해 냈다.

롤링은 어린 딸을 홀로 키우며 생계를 꾸려가야 하는 어려운 상황 속에서도 글쓰기를 포기하지 않았다. 그녀는 매일 글을 쓰기로 마음먹고, 이를 작은 목표들로 나누어 실천해 나갔다. 예를 들어, 하루에 1페이지씩 쓰기, 정해진 시간 동안 아이디어 정리하기, 등장인물의 대사 다듬기 등의 소소한 목표를 세웠다. 이렇게 작은 목표들을 하나씩 이뤄나가면서 그녀는 《해리 포터와 마법사의 돌Harry Potter and the Sorcerer's Stone》이라는 첫 번째 책을 완성할 수 있었다.

롤링의 집필 과정은 거대한 퍼즐을 맞추는 것과 같았다. 그녀는 전체 그림을 완성하기 위해 각 장면과 인물을 하나씩 만들어 나갔다. 이런 식으로 작은 목표들을 세우고 차근차근 달성해 나감으로써 지속적으로 동기를 유지하며 집필을 이어갈 수 있었다.

또한, 롤링은 '2분 규칙'과 비슷한 방식으로 작은 작업들을 빠르게 처리했다. 예를 들어, 아이디어가 떠오를 때마다 바로 메모를 남기거나, 간단한 수정 작업은 즉시 처리했다. 이를 통해 작은 일들이 쌓이는 것을 방지하고, 더 중요한 글쓰기에 집중할 수 있는 시간을 확보할 수 있었다.

24시간을
36시간처럼!

시간은 누구에게나 공평하게 주어진 자원이다. 그러나 이 시간을 어떻게 사용하느냐에 따라 성과는 천차만별이다. 시간을 최대한 효율적으로 활용하기 위해 아이젠하워 매트릭스(또는 ABCDE 기법), 시간분할 기법, 시간상자 기법, 마이크로 목표, 미니멀 태스크를 조화롭게 사용하는 방법을 알아보자. 이 5가지 기법을 결합하면 하루를 마치 잘 짜인 퍼즐처럼 조직할 수 있다.

우선, 아이젠하워 매트릭스를 사용하여 하루의 작업들을 우선순위에 따라 분류한다. 긴급하고 중요한 일, 긴급하지 않지만 중요한 일, 긴급하지만 중요하지 않은 일, 긴급하지 않고 중요하지 않은 일로 나누어 각 작업의 중요도를 명확히 한다. 이렇게 우선순위가 분류된 작업들은 다음 단계로 넘어가 시간분할 기법을 통해 하루의 일정으로 구조화된다.

이어서, 시간분할 기법을 통해 하루를 여러 시간블록으로 나눈다. 가장 집중도가 높은 시간대에는 우선순위가 높은 작업을 배치하고, 집중력이 떨어지는 시간대에는 상대적으로 덜 중요한 작업을 배치한다. 예를 들어, 오전 9시부터 11시까지는 가장 집중도가 높은 시간대로 설정하여, 이 시간대에 가장 중요한 프로젝트 작업을 배치하고, 오후에는 이메일 확인이나 전화 응대 등 덜 중요한 작업을 할당한다.

이제, 각 시간블록 내에서 시간상자 기법을 적용하여 작업의 집중력을 높인다. 각 작업에 일정한 시간을 할당하고, 그 시간 내에 작업을 완료하는 것을 목표로 한다. 예를 들어, 오전 9시부터 11시까지의 프로젝트 작업 시간에는 30분 단위로 타이머를 설정하고, 그 시간 내에 최대한 집중해서 작업을 수행하는 식이다. 이렇게 하면 주어진 시간 내에 최대한의 성과를 낼 수 있다.

중장기적인 목표에 대해서는 마이크로 목표를 설정하여 큰 목표를 작은 단위로 나누어 달성해 나간다. 그리고 마이크로 목표를 달성하기 위해 미니멀 태스크를 통해 구체적인 작업을 정의한다.

이러한 미니멀 태스크들은 앞서 우선순위와 시간분할 기법, 시간상자 기법을 통해 얻어진 부가적인 재량 시간들에 배치된다. 중요한 프로젝트 작업이 끝난 후 남은 시간을 활용하여 미니멀 태스크를 실행하는 것이다. 이렇게 하면 재량 시간을 더 많이 확보할 수 있고, 시간을 확장하는 효과를 얻을 수 있다.

다시, 프리랜서 디자이너인 지영 씨의 하루를 예로 들어보자. 아이젠하워 매트릭스를 사용하여 중요한 일과 긴급한 일을 구분한다.

1단계: 아이젠하워 매트릭스(또는 ABCDE 방법)로 우선순위 분류

이어서 시간분할 기법을 통해 하루를 구조화하고, 시간상자 기법을 활용하여 각 작업에 집중력을 높인다.

2단계 : 시간분할 기법으로 하루를 구조화
3단계 : 시간상자 기법으로 집중력 향상

장기적인 계획을 위해서는 마이크로 목표를 설정하여 큰 목표를 작은 단위로 나눈다.

새로운 디자인 툴 학습
매일 1시간씩 강의 수강, 일주일에 2회 이상 사용하여 실습하기 이어서 미니멀 태스크를 통해 구체적인 작업을 한다.

이처럼 아이젠하워 매트릭스, 시간분할 기법, 시간상자 기법, 마이크로 목표 설정과 미니멀 태스크를 조화롭게 사용하면 하루를 더 체계적으로 관리할 수 있다. 이를 통해 생산성을 극대화하고, 정교하게 만들어진 작품처럼 우리의 하루를 조각할 수 있을 것이다.

제
3
장

갓생
루틴
디코드

학교에서는 알려주지 않는
갓생의 비결

성공을 거둔 사람들에게는 공통점이 있다. 바로 자신만의 루틴을 가지고 있다는 것이다. 우리는 학교에서 수학, 역사, 과학 등 여러 교과목을 배우지만, 삶을 확실히 더 나은 방향으로 이끌어줄 이 비밀 공식은 스스로 찾아 익히지 않으면 습득할 수 없다.

만약 우리가 이 비밀에 다가갈 수 있다면 어떨까? 최고 중의 최고, 각 분야에서 가장 성공을 거둔 이들의 비결을 파헤칠 수 있다면 말이다. 이번 장에서는 '갓생'을 사는 사람들의 공통점인 루틴에 대해 알아보고, 루틴을 쉽게 삶에 적용하는 방법부터 최고 수준의 루틴을 만들기 위한 전략까지 단계적으로 살펴보겠다.

그들이 루틴을 개발한 이유

운동선수, 기업가, 예술가, 과학자 등 각 분야의 최고들은 모두 자신만의 일과를 철저히 지킨다. 이들은 생산성과 집중력을 극대화하고, 몸과 마음의 건강을 유지하기 위해 일정한 루틴을 따른다. 이들에게 루틴은 하루를 정리하고, 어디에 얼마나 많은 시간을 할애해야 하는지 방향을 제시해 주는 나침반과 같다. 자신만의 루틴이 있으면 순간순간 골치 아픈 의사결정을 내릴 필요가 줄어들고, 중요한 순간에 더 많은 정신적 에너지를 쏟을 수 있다.

플로리다 주립대학교의 심리학 교수인 로이 바우마이스터 박사는 의지력과 의사결정 능력은 고갈될 수 있는 자원이라는 사실을 입증했다. 그는 의지력을 '자아 고갈Ego Depletion'이라는 개념으로 설명하며, 자제력을 요구하는 과제가 의지력을 소모시키고, 이후의 과제 수행 능력을 저하시킬 수 있다고 말한다. 바우마이스터 박사의 연구에 따르면, 의지력은 마치 배터리처럼 사용할수록 점점 더 소모된다. 처음에는 의지력을 발휘하여 어떤 일을 잘해낼 수 있지만, 반복적으로 의지력을 사용하다 보면 나중에는 힘이 빠져 더 이상 집중하기 어려워진다는 것이다.

그런데 자신만의 루틴을 만들면 중요한 의사결정이나 창의적 활동에 필요한 에너지를 절약하는 데 도움이 된다. 즉, 루틴을 만들면 반복적으로 해야 하는 결정들을 자동으로 처리할 수 있어, 더 중요한 일에 사용할 의지력을 절약할 수 있게 된다. 스마트폰의 배터리를 절약하기 위해 불필요한 앱을 종료시키는 것과 같다. 이를 이용해 최고의 창의력과 집중력을 유지하는 것이, 높은 성취도를 보이는 사람들이 더 많은 일을 해내는 비결이다.

일상적인 습관 = 장기적인 성공

제임스 클리어는 그의 저서 《아주 작은 습관의 힘Atomic Habits》에서 자기계발의 '복합 효과'를 강조했다. 그는 일상의 작은 노력이 큰 결과로 이어진다고 설명한다. 예를 들어, 어떤 작가가 하루에 500단어씩 꾸준히 글을 쓰면 몇 달 만에 책 한 권을 완성할 수 있다. 매일 30분씩 외국어를 공부하면 시간이 흐름에 따라 유창한 구사 능력을 갖추게 된다.

루틴은 이러한 원대한 목표를 일상에서 실천 가능한 작은 과제로 나누는 효과적인 도구다. 작은 노력이 지속적으로 쌓여 큰 성과를 이루는 과정은 마치 물방울이 모여 바위를 뚫는 것과 같다.

이러한 원리는 역사적으로 뛰어난 업적을 남긴 인물들의 사례에서도 잘 드러난다. 미국 역사상 가장 위대한 인물 중 한 명으로 평가받는 벤저민 프랭클린이 대표적인 예다. 프랭클린은 일, 학습, 여가로 구성된 엄격한 일과표를 통해 하루를 체계적으로 관리했다.

"일찍 자고 일찍 일어나는 것은 사람을 건강하고 부유하며 현명하게 만든다"라는 명언을 남긴 프랭클린은 매일 5시에 일어나 "오늘 내가 할 선한 일은 무엇인가?"라는 질문으로 하루를 시작했다. 그리고 기도나 명상으로 정신을 맑게 한 후 아침 식사를 하며, 그날의 목표를 설정하고 계획을 세우는 것이 그의 아침 루틴이었다.

이후에는 오후 5시까지 오전과 오후 업무에 매진했다. 점심시간에는 간단한 식사를 하며 책을 읽거나 재정을 검토하고, 5시 이후 저녁 시간에는 집안 정리를 하거나 저녁 식사를 하며 휴식과 여가를 즐겼다. 그리고 매일 저녁 10시에 잠자리에 들며 하루를 마무리했는데, 이때 반드시 "오늘 내가 배운 것은 무엇인가?"라는 질문을 통해 하루를 되돌아보았다고 한다.

프랭클린은 이러한 엄격한 루틴을 통해 정치가, 작가, 발명가, 과학자로서 놀라운 업적을 이뤄냈다. 그는 유능한 정치가였을 뿐 아니라 《가난한 리처드의 연감Poor Richard's Almanack》을 쓴 작가였으며, 피뢰침과 다초점 렌즈를 만든 발명가였고, 번개가 전기를 방전한다는 것을 밝혀내는 등 과학 분야에서도 큰 족적을 남긴 과학자였다. 이처럼 뛰어난 생산성은 타고난 천재성을 넘어 철저한 시간관리와 자기 규율에서 비롯된 것이었다. 그의 사례는 체계적인 루틴이 개인의 잠재력을 최대한 끌어올리는 핵심 요소임을 명확히 보여준다.

최고의 성과를 내는 사람들의 루틴

일론 머스크의 빈틈없는 매일

일론 머스크는 철저한 일일 스케줄로 유명하다. 그는 업무와 회의에 집중하기 위해 시간분할 기법과 시간상자 기법을 이용, 하루를 5분 단위로 세분화하여 활용한다. 이 방법을 통해 머스크는 막중한 책임 속에서도 효율적으로 업무를 처리하는 것으로 알려져 있다.

오전 6시   이른 아침, 그의 하루는 중요한 이메일 확인과 전략 계획 수립으로 시작된다. 이 시간 동안 하루의 방향을 정하고, 필요한 일들을 빠르게 처리한다.

오전 7시부터 오후 9시까지   엔지니어링 작업, 디자인 검토 등 다양한 업무와 회의가 쉴 새 없이 이어진다. 모든 일정은 5분 단위로 꼼꼼히 계획되며, 각 부서 회의도 이 원칙에 따라 짧고 집중적으로 진행된다.

오후 9시 이후   가족과 시간을 보내며 하루를 되돌아보고, 저녁이 끝나면 다음 날의 주요 일정과 목표를 간략히 점검하면서 하루를 마무리한다.

일론 머스크의 하루는 철저한 시간관리와 집중력을 바탕으로 돌아간다. 그는 시간분할 기법을 통해 각 업무에 필요한 시간을 정확히 배분하고 이를 엄격히 지킴으로써, 엄청난 양의 일을 효율적으로 처리하며 생산성을 최대한으로 끌어올리고 있다.

오프라 윈프리의 마음챙김과 성찰

미디어 업계의 거물이자 자선사업가로 유명한 오프라 윈프리는 자신의 성공 비결 중 상당 부분을 매일 실천하는 마음챙김과 성찰에서 찾는다고 한다. 그녀의 하루는 명상과 운동으로 시작해 건강한 아침 식사로 이어지는데, 이를 통해 몸과 마음의 균형을 잡는다.

오프라의 경우, 업무나 회의는 창의력과 집중력이 가장 높은 시간대에 진행하고, 하루를 마무리할 때는 감사 일기를 쓰며 그날의 성과를 돌아보는 식으로 구성되어 있다.

아침 명상 및 운동　오프라의 하루는 명상으로 시작된다. 고요한 시간을 통해 마음을 정돈하고 하루를 준비한다. 이어서 요가나 조깅 같은 가벼운 운동으로 몸에 활력을 불어넣는다. 이런 아침 루틴 덕분에 그녀는 하루를 긍정적인 마음가짐으로 시작할 수 있다고 한다.

건강한 아침 식사　명상과 운동 후에는 영양가 있는 아침 식사를 즐긴다. 과일, 채소, 단백질이 풍부한 식단을 통해 몸에 필요한 에너지를 충전한다. 이는 하루 종일 집중력을 유지하는 데 중요한 역할을 한다.

창의적인 작업과 회의 창의적인 작업과 회의 전략적인 업무는 창의력이 절정에 달하는 오전 시간에 주로 배치한다. 그녀는 이 시간 동안 새로운 아이디어를 구상하고, 중요한 결정을 내리며, 주요 회의를 진행한다. 이렇게 집중력이 가장 높은 시간을 효과적으로 활용함으로써 최대의 성과를 내는 것이다.

오후 업무 점심 식사 후에는 상대적으로 단순한 업무를 처리한다. 이메일 확인과 다양한 서류 작업, 문서 정리, 팀원들과의 협업 등이 이 시간에 이뤄진다.

저녁 감사 일기 쓰기 오프라는 하루의 끝을 감사 일기 쓰기로 마무리한다. 그날 있었던 일들을 되새기며 감사한 일들을 기록함으로써 하루를 긍정적으로 정리하고, 다음 날을 위한 마음의 준비를 한다.

하루 리뷰 감사 일기를 쓴 후에는 하루를 전체적으로 되돌아본다. 그날의 성공과 실패를 꼼꼼히 점검하고, 개선할 점을 찾는다. 이런 습관이 오프라가 끊임없이 성장하고 발전하는 원동력이 되었을 것이 틀림없다.

오프라 윈프리는 이러한 자기 관리 루틴을 통해 바쁜 일상 속에서도 균형과 중심을 유지하고 있다. 그녀의 루틴은 단순히 업무 효율을 높이는 것을 넘어, 정신적·신체적 건강을 유지하고, 긍정적인 에너지를 지속적으로 공급하는 데 큰 도움이 된다고 한다.

팀 쿡의 새벽 출근길

애플의 CEO 팀 쿡은 엄청 이른 아침 일정으로 유명하다. 믿기 힘들겠지만, 그의 기상 시간은 새벽 3시 45분이다! 그는 대부분 사람들이 깊은 잠에 빠져 있을 시간에 일어나 공식 업무 시작 전부터 이메일을 확인하고 운동을 하며 하루를 시작한다. 이렇게 일찍 일어나는 이유는 무엇일까? 하루를 효과적으로 통제하고 가장 중요한 업무에 집중하기 위해서라고 한다.

새벽 3시 45분 팀 쿡의 하루는 동트기 한참 전인 새벽에 시작된다. 이른 아침에 일어나는 그는 이메일을 확인하며 하루의 첫 업무를 시작한다. 전 세계에서 오는 중요한 이메일을 미리 처리함으로써, 하루 일과가 시작되기 전에 중요한 결정들을 내릴 수 있다. 이는 시간을 절약하고, 업무 효율성을 높이는 데 큰 도움이 된다.

오전 4시 30분　이메일을 처리한 후, 그는 운동을 통해 몸과 마음을 깨운다. 팀 쿡은 규칙적인 운동이 신체적 건강뿐만 아니라 정신적 건강에도 큰 도움이 된다고 믿는다. 달리기나 헬스장에서의 운동은 체력 유지와 스트레스 해소에 도움을 준다.

오전 6시　본격적으로 업무에 돌입한다. 하루 중 집중력이 가장 높은 이 시간에 중요한 전략을 세우고 핵심 결정을 내린다. 애플의 미래를 구상하고, 주요 프로젝트 진행 상황을 검토하며, 필요한 조치를 취한다. 이 시간 동안 회사의 방향을 설정하고, 팀과 협력하여 중요 업무를 수행한다.

오전 9시　직원들의 출근 시간에 맞춰 여러 회의를 주재하고, 각 팀의 진행 상황을 점검하며, 문제 해결을 위한 토론을 이끈다.

오후 1시　점심 식사 후에는 상대적으로 덜 급한 업무를 처리한다. 여기에는 이메일 답변, 문서 검토, 기타 행정 업무 등이 포함된다. 이 시간에 그는 사무실을 돌아다니며 직원들과 소통하고, 그들의 의견을 경청한다.

오후 5시 퇴근 전, 다음 날의 일정을 준비한다. 그날의 성과를 되짚어보고, 다음 날 처리해야 할 중요한 업무를 정리한다.

오후 8시 가족과 저녁 시간을 보내며 하루의 피로를 푼다. 그는 가족과의 시간을 중요하게 생각하며, 이를 통해 심리적 안정을 유지한다. 저녁 시간이 끝나면 취침 준비를 하며 하루를 마무리한다.

이른 아침 시간을 활용하여 중요한 결정을 내리고, 신체와 정신을 준비하며, 하루를 계획하는 것이 그의 성공적인 루틴의 핵심이다. 팀 쿡의 루틴은 많은 이들에게 영감을 주며, 특히 바쁜 일정을 관리해야 하는 리더들에게 유용한 지침이 되고 있다.

팀 페리스의 초능률 루틴

《나는 4시간만 일한다The 4-Hour Workweek》의 저자 팀 페리스는 매일 5개의 주요 업무를 파악하고, 각 업무를 완수하기 위해 특정 시간을 할당하는 방식으로 하루를 관리한다.

전날 저녁 팀 페리스의 하루는 전날 저녁부터 시작된다. 그는 잠자리에 들기 전에 다음 날 해야 할 5가지 핵심 업무를 미리 작성해 놓는다. 이렇게 하면 아침에 눈 뜨자마자 그날의 미션이 머릿속에 그려져,

시간 낭비 없이 바로 실행에 옮길 수 있다. 앞서 소개했던 아이비 리 방법과도 비슷하다. 아이비 리도 자기 전에 다음 날 반드시 해야 할 6가지를 메모하라고 조언했으니 말이다. 이 같은 과정은 다음 날을 체계적으로 준비하고, 중요한 업무에 집중할 수 있도록 도와준다.

아침 아침에는 전날 저녁에 작성한 5가지 핵심 업무를 검토하고, 그중 가장 중요한 것부터 시작한다. 페리스는 각 업무를 처리하는 데 필요한 시간을 구체적으로 설정하고, 그 시간 동안 최대한 집중한다. 이를 통해 중요한 일을 먼저 처리하고, 그로 인해 얻은 성취감을 통해 나머지 일도 효과적으로 수행한다.

낮 페리스는 업무와 휴식 시간을 철저히 관리한다. 일정 시간 동안 집중해서 일한 후, 짧은 휴식을 취하는 방식으로 생산성과 집중력을 유지한다.

오후 오후 시간대에는 조금 더 창의적인 작업이나 덜 긴급한 업무를 처리한다. 팀과의 협력 작업 혹은 아이디어 브레인스토밍 등을 진행하거나, 새로운 기술이나 지식을 배우는 데 시간을 투자하기도 한다.

저녁 하루의 업무가 끝난 후에는 저녁 시간을 활용해 하루를 되돌아보고, 다음 날을 계획한다. 그날의 성과와 실패를 분석하고, 개선할 점을 찾는다. 또한, 다음 날 해야 할 5가지 핵심 업무를 다시 작성하며 하루를 마무리한다. 이를 통해 그는 매일매일 성장하고 발전할 수 있는 기회를 만들고 있다.

팀 페리스의 방식은 단순하지만 강력하다. 그는 이 루틴을 통해 매일 미치지 않고도 많은 일을 해낼 수 있으며, 자신의 목표를 체계적으로 달성한다고 밝혔다.

안정적인 추진력을 얻는 동력

장기적인 성공의 비결은 바로 꾸준함이다. 루틴은 이 꾸준함을 만들어내는 강력한 엔진과 같다. 앞서 소개한 제임스 클리어의 말처럼, 작은 행동을 꾸준히 반복하면 시간이 지나면서 놀라운 변화가 일어난다. 실제로 각 분야 최고의 자리에 오른 사람들을 보면, 하나같이 장기적인 목표를 향해 매일 같은 일을 반복하며 자신만의 루틴을 다져왔다는 공통점이 있다.

흥미로운 점은 성공한 사람들의 루틴이 단순히 일과 관련된 것만은 아니라는 것이다. 그들의 루틴에는 정신적·육체적 건강을 챙기는 요소들도 꼭 들어있다. 규칙적인 운동, 건강한 식습관, 충분한 수면 등이 바로 그것이다.

미디어 업계의 거물, 〈허핑턴 포스트〉의 설립자 아리아나 허핑턴을 예로 들어보자. 그녀는 수면의 중요성을 강조하며 이를 자신의 일상 루틴에 꼭 넣었다. 하루 최소 8시간 이상 자는 것을 목표로 수면 패턴을 조정했고, 그 결과 생산성과 전반적인 삶의 질이 크게 향상되었다고 한다. 이 경험을 바탕으로 《수면 혁명The Sleep Revolution》이라는 책까지 썼으니, 그 효과가 얼마나 대단했는지 짐작할 수 있다.

우리가 사는 세상은 하루가 다르게 변한다. 전 세계의 이슈가 실시간으로 공유되는 요즘, 내일을 예측하기란 더욱 어려워졌다. 이런 불확실성은 쉽게 불안감을 낳고, 이는 곧 생산성 저하로 이어질 수 있다. 그렇기에 지금 같은 시대에는 자신의 삶에 대한 통제력을 갖는 것이 그 어느 때보다 중요하다. 바로 여기서 루틴의 진가가 드러난다. 루틴은 우리에게 안정감을 주고, 불확실한 세상에서도 꾸준히 전진할 수 있는 힘을 준다.

70일의 약속,
나만의 루틴 만들기

앞서 살펴본 대로, 체계적인 루틴은 성공적인 삶의 필수 요소다. 하지만 루틴을 만든다는 건 단순히 빡빡한 일정표를 짜고 그대로 따르는 것이 아니다. 진정한 루틴은 자신의 목표와 가치관에 딱 맞는, 지속 가능하고 효율적인 삶의 방식을 만들어가는 과정이다. 쉽게 말해, 루틴은 우리 삶의 나침반이자 목표 달성을 위한 든든한 조력자인 셈이다.

성공한 이들의 사례를 통해 루틴의 중요성을 깨달았다면, 이제 당신만의 루틴을 만들어 볼 차례다. 이는 자신만의 인생 지도를 그리는 것과 같다. 이 지도를 따라 한 걸음 한 걸음 나아가다 보면 어느새 더 나은 자신의 모습을 마주하게 될 것이다.

하지만 여기서 한 가지 주의할 점이 있다. 분초형 인간의 진정한 성공은 단순히 매 순간을 알차게 쓰는 데서 그치지 않는다. 우리에게 필요한 건 '생활시간관리'를 넘어 '삶의 단계별 자기 관리'라는 더 큰 그림을 그리는 것이다. 다시 말해, 하루를 효율적으로 쓰는 것도 중요하지만, 삶 전체의 효율을 높이는 습관을 기르는 것이 더 중요하다는 이야기다. 24시간을 28시간처럼 쓰려 애쓰는 것에서 한 발 더 나아가, 자동화된 자기관리 습관을 통해 거의 무의식적으로 시간을 효율적으로 쓰는 경지에 도달해야 한다.

마지막으로 한 가지 꼭 기억해야 할 점이 있다. 분초형 인간을 추구하는 이유는 결코 삶을 바쁘게 살기 위해서가 아니다. 이 모든 노력의 궁극적인 목적은 오히려 여유 시간을 더 많이 확보하고, 삶을 전체적으로 더욱 풍성하게 만드는 데 있다. 루틴을 만드는 것도 마찬가지다. 그저 시간을 쪼개 쓰는 것이 아니라, 의도적이고 체계적인 행동을 통해 삶을 더욱 풍요롭게 만드는 것, 그것이 바로 루틴의 진정한 목적임을 잊지 말자.

70일이면 당신의 인생이 바뀐다

해야 할 일들에 치이고 시간에 쫓기느라 정신없이 살다 보니, 매일 똑같은 패턴 속에서 정작 중요한 것들은 놓치고 있다는 느낌을 한 번쯤 받아봤을 것이다. 만약 단 70일간의 집중적인 노력으로 이런 상황을 완전히 바꿀 수 있다면 어떨까? 자신만의 루틴을 만들어가는 70일간의 여정은 우리 삶에 새로운 질서를 부여하고, 불필요한 스트레스를 줄이며, 생산성을 높이는 놀라운 변화를 가져올 수 있다. 이는 단순한 시간 관리가 아닌, 삶 전체를 재구성하는 과정이 될 것이다.

왜 70일일까? 그 답은 습관 형성과 행동 변화의 심리학에 있다. 영국 서레이 대학교 심리학과 교수인 필리파 랠리의 연구에 따르면, 새로운 습관을 완전히 내 것으로 만드는 데는 평균 66일이 걸린다. 그런데 이는 평균이고, 사실은 행동의 복잡성과 개인차에 따라 18일에서 254일까지 천차만별이다. 66일을 기준으로, 각자의 성향과 상황에 따라 다소 차이가 있다는 얘기다.

그럼에도 이 책에서 70일을 제시하는 것은, 대부분의 사람들이 최소한의 임계값을 넘어서기에 충분한 시간으로 생각되기 때문이다. 70일이라는 기간은 실질적인 진전을 확인하기에 충분히 길지만, 동기를 유지하기에는 적당히 짧다. 긴박감과 집중력을 높여 모멘텀을 유지하는 데 도움이 된다. 게다가 큰 목표를 70일 단위로 쪼개면 처음엔 불가능해 보였던 일도 한결 수월해진다. 이렇게 조금씩 성취해 나가는 과정에서 끈기와 회복력이라는 값진 선물도 덤으로 얻을 수 있다.

앞으로 70일 동안 이루고 싶은 목표부터 정해 보자. 삶의 어떤 부분을 바꾸고 싶은지 생각해 보자. 건강, 마음 관리, 업무 능력 키우기, 인간관계 조정 등 목표를 확실히 정하는 것이 중요하다. 이 목표를 적어 자주 볼 수 있는 곳에 두고, 수시로 상기하도록 하자.

그 다음에는 이 목표를 매일 할 수 있는 구체적인 행동으로 바꿔보자. 예를 들어, 다이어트와 건강 관리가 목표라면 아침 공복에 30분 유산소 운동하기, 하루 물 8잔 마시기, 저녁 6시 이후엔 먹지 않기, 7시간 잠자기 같은 걸 매일 실천하는 것이다. 앞서 설명한 마이크로 목표와 미니멀 태스크를 적용하는 것으로, 이렇게 하면 부담도 덜 되고 실천하기도 더 쉬워진다.

이제 이런 행동들을 포함해서 하루 일과표를 만들어보자. 지금까지 배운 시간관리 방법을 활용해서 일, 쉬는 시간, 운동, 취미 시간 등을 골고루 넣어야 한다. 이 계획이 오래 지속되려면 '균형'과 '스스로 하고 싶은 마음'이 중요하다는 걸 잊지 말자. (내적 동기에 대해서는 이어서 자세히 설명하겠다.)

여기서 한 가지 조언하자면, 처음부터 계획한 모든 걸 다 하려고 욕심부리지 말라는 것이다. 시작 단계에서는 몇 가지 중요한 것만 실천해도 충분하다. 그리고 루틴이 습관화됨에 따라 점점 더 많은 것을 추가하면 된다. 예를 들어, 일정한 시간에 일어나는 것부터 시작해서 아침 운동, 건강한 식습관, 매일 책 읽기 등을 점차적으로 더하는 식이다.

이렇게 하나하나씩, 할 수 있는 만큼만 더해가면서 각 루틴마다 시작한 날부터 70일을 세어보자. 70일을 잘 해냈다면 성공이다! 기분 좋게 작은 축하 파티를 열어도 좋고, 자기 자신에게 선물을 주는 것도 좋다.

70일간의 변신을 시작해 보자

하루가 다르게 변하는 복잡한 디지털 시대에 루틴은 효율적이고 명확하게, 그리고 목적의식을 가지고 살아갈 수 있게 해 준다. 또한, 삶에 구조와 안정감을 주어 시간관리, 스트레스 해소, 생산성 향상에 큰 도움이 된다.

일례로, 메이저리그 야구의 슈퍼스타 오타니 쇼헤이는 매일 같은 시간에 훈련하고 철저하게 식단을 관리하며 최고의 기량을 유지한다. 그는 투수와 타자를 모두 소화하는 '이도류' 선수로, 꾸준한 루틴이 이 독보적인 성과를 가능케 했다. 오타니는 무려 64개의 과제로 이루어진 만다라트 일본의 디자이너 이마이즈미 히로아키가 제안한 발상법를 만들고, 관련된 루틴을 철저하게 지키는 것으로 유명하다. "아무리 원대한 꿈을 가졌다 해도 루틴을 무시하면 목표를 달성할 수 없다"고 그는 말한다.

페이스북現 메타의 창업자 마크 주커버그는 매일 똑같은 회색 티셔츠를 입어 불필요한 고민을 줄이고 중요한 일에 온전히 집중한다. 세계 최대 소셜미디어 기업을 이끄는 그에게는 옷 고르는 시간조차 아까운 듯하다.

이들은 자신만의 루틴을 통해 탁월한 성과를 이루어냈다. 스포츠 스타든 IT 기업가든, 각자의 분야에서 최고가 되기 위해 일상의 작은 부분까지 철저하게 관리하고 있는 것이다.

지금부터 더 나은 나를 만드는 70일의 여정을 시작해 보자. 작은 변화와 반복되는 루틴들이 쌓이다 보면 어느새 목표를 넘어 더 큰 성취의 문턱에 서게 될 것이다.

70일 루틴의 비결,
내적 동기를 만들어라

새로운 루틴이 많은 노력을 요하는 어려운 것이든, 아니면 간단히 실행할 수 있는 것이든 상관없이 변화를 습관으로 만들기 위해서는 끈기가 필요하다. 앞서 말했듯, 70일 동안 꾸준히 하면 습관이 될 가능성이 크지만, 70일, 즉 10주 동안 변화를 지속하기가 과연 쉬울까?

70일의 약속을 잘 지키려면 '내적 동기'가 필요하다. 씨앗을 심는 건 쉽지만, 그 씨앗을 튼튼한 나무로 키우려면 물과 햇빛이 필요하다. 내적 동기는 바로 이 물과 햇빛 같은 역할을 한다. 새로운 일상이 단단히 자리 잡을 때까지 계속 자라게 해주는 힘인 셈이다.

그렇다면 내적 동기란 정확히 무엇일까? 이를 이해하기 위해 심리학자 데시와 라이언이 개발한 '자기 결정 이론Self-Determination Theory, SDT'을 살펴보자. 이 이론에 따르면 인간에겐 자율성, 유능성, 관계성이라는

3가지 기본 심리 욕구가 있다. 이 욕구들이 채워질 때 내적 동기가 생긴다는 것이다.

내적 동기의 3가지 요소

첫째는 자율성이다. 이는 자기 행동을 스스로 조절할 수 있다고 느끼는 감각을 의미한다. 빈 캔버스 앞에 선 화가를 생각해 보자. 화가의 창의력과 열정은 무엇을 그릴지 자유롭게 선택할 수 있을 때, 즉 자율성이 주어질 때 극대화된다.

70일 루틴에서도 이 자율성이 매우 중요하다. 남이 시키는 루틴이 아니라 진정 내가 하고 싶은 루틴을 만들어야 한다. 매일 걷는 발걸음이 내 선택이라고 느껴야 하는 것이다. 예를 들어, 운동 루틴을 짤 때 내가 좋아하는 활동을 넣거나, 프로젝트 마감일을 스스로 정하는 등의 요소가 필요하다. 핵심은 내가 하는 일에 개인적인 의미나 이해관계가 있을 때, 그 일에 더 깊이 몰입할 수 있다는 점이다. 이 자율성은 루틴을 형성하는 과정에서 동기 부여와 성취감을 강화시키는 중요한 요소가 된다.

두 번째는 유능성이다. 이는 내가 하는 일에 대한 숙달감과 효율성을 뜻한다. 자전거 타는 법을 배웠을 때를 떠올려보자. 처음엔 어렵고 비틀거리다 넘어지기 일쑤지만, 매일 연습하다 보면 어느새 균형 잡힌 자세로 달릴 수 있게 된다. 70일 루틴도 마찬가지다. 반복 실천으로 진전을 확실히 느낄 수 있는, 달성 가능한 목표를 세워야 한다. 독서 시간이나 운동 강도를 점진적으로 늘리는 것처럼 간단한 목표일 수도 있다. 이런 작은 성취들이 자신감을 키우고 계속할 힘을 준다.

셋째는 관계성이다. 이는 다른 이들과의 연결감과 소속감을 말한다. 산악회를 생각해 보자. 회원들은 서로 격려하며 등반의 어려움도, 정상에 오른 기쁨도 함께 나눈다. 이런 공동체 의식은 70일 루틴을 지속하는 데 큰 힘이 된다. 친구들과 목표를 공유하거나, 비슷한 관심사를 가진 모임에 참여하거나, 멘토를 찾아 필요한 응원과 조언을 받을 수 있다. 같은 목표를 향해 가는 사람들과 연결되어 있다는 느낌이 들면 결심은 더욱 단단해지기 마련이다.

성공적인 70일 루틴의 비결은 자율성, 유능성, 관계성이라는 이 3가지 욕구를 채우는 데 있다. 먼저, 내 욕구와 목표에 꼭 맞는 루틴을 자유롭게 선택하는 것부터 시작하자. 그 다음, 이룰 수 있는 작은 목표를 세우자. 이를 통해 시간이 지남에 따라 점점 더 실력과 자신감을 키워나갈 수 있다. 마지막으로, 나를 응원하고 격려해 줄 사람들과의 관계성을 강화하자.

더불어 이 70일 도전을 힘든 과제가 아닌 성장의 기회로 여기면 동기 부여를 유지하기가 한결 쉬워진다. 이렇게 긍정적인 시각을 가지면 스트레스조차도 동기 부여의 원천으로 바꿀 수 있다. 이 여정을 고된 싸움이 아닌 신나는 모험처럼 느끼게 될 것이다.

그리고 주저하지 말고 자신의 발전을 축하하자. 아무리 작은 진전이라도 축하할 만한 가치가 있다. 처음에는 스스로를 칭찬하는 게 어색할 수 있지만, 이런 작은 기쁨들이 우리가 얼마나 멀리 왔는지 일깨워 주고 계속 나아갈 힘을 준다. 눈에 띄는 발전이 있는 날이나 30일, 50일, 70일 같은 특별한 날짜를 '기념일'로 정해 보자. 이 기념일들을 자라나는 나무의 꽃이나 열매라고 생각하고 다이어리나 달력에 예쁘게 표시해 두는 것도 의미 있고 재미난 방법이다.

70일 루틴은 단순히 같은 행동을 반복하는 것이 아니라, 진정한 변화를 만들어내는 과정이자, 목표와 꿈을 실현하기 위해 단단한 습관의 기반을 다지는 작업이다. 자신의 가치관과 욕구에 맞춘 삶을 만들어가는 여정이기도 하다. 이를 위해 가장 중요한 것은 지속적인 변화를 이끌어낼 내면의 힘을 발견하는 데 있다.

그러니 오늘, 바로 지금 첫걸음을 내디뎌보자. 새로운 일상의 씨앗을 심고, 그것을 정성껏 가꾸어 나가자. 우리 안의 동기가 그 씨앗을 키우는 따뜻한 햇빛이자 시원한 물이 되도록 하자. 그리고 앞으로 70

일 동안 이 내적 동기가 삶의 튼튼하고 흔들림 없는 일부로 자리 잡도록 하자.

내적 동기로 70일 루틴 성공하기

70일의 약속을 성공적으로 지키는 데 도움이 될 단계별 전략을 만들어 보았다. 이 전략들은 루틴을 꾸준히 유지하면서 삶의 자연스러운 일부로 만드는 데 도움이 될 것이다.

목표 정의하기

먼저, 이 루틴을 시작하려는 이유를 확실히 하자. 궁극적인 목표가 뭔지 생각해 보자. 건강해지기, 업무 능률 높이기, 새로운 기술 배우기 등. 목적이 뚜렷하면 그만큼 동기 부여가 된다. 이유를 꼭 적어두고, 의지가 약해질 때마다 들여다보자.

계획하고 준비하기

준비가 반이다. 무엇을, 언제, 얼마나 할지 구체적으로 계획을 세우자. 예를 들어, 매일 아침 운동을 하기로 했다면 전날 밤에 운동복부터 챙겨둔다. 독서량을 늘리고 싶다면 미리 읽을 책을 고르고 매일 언제 읽을지 정해 두자. 계획이 자세할수록 실천하기가 더 쉬워진다.

작은 것부터 시작하기

작고 쉬운 것부터 시작하자. 매일 명상이 목표라면 하루 5분부터 시작해서 조금씩 늘려나간다. 작은 성공들이 쌓이면 자신감이 생기고, 새 습관을 유지하기가 한결 수월해진다.

진행 상황 기록하기

매일의 변화를 일기나 앱으로 기록해 보자. 오늘 무엇을 했는지, 어떤 기분이었는지, 어떤 어려움이 있었는지 적어두는 것이다. 이렇게 기록하면 책임감도 생기고, 쌓여가는 기록을 보며 뿌듯함도 느낄 수 있다.

든든한 파트너 찾기

친구와 목표를 공유하거나 비슷한 관심사를 가진 모임에 가입해 보자. 서로 확인해 주고 응원해 줄 사람이 있으면 목표 달성에 큰 도움이 된다. 비슷한 루틴으로 성공한 멘토를 찾아보는 것도 좋은 방법이다.

작은 보상 만들기

중간중간 작은 성과를 이뤘을 때 자신에게 선물을 주자. 일주일 내내 운동했다면 좋아하는 간식을 먹거나, 한 달을 잘 버텼다면 편안한 휴식을 취하는 식이다. 이런 보상이 긍정적인 힘이 되어 변화의 여정을 더 즐겁게 만들어줄 것이다.

유연하게 대처하기

예상치 못한 일로 루틴을 지키기 어려울 때도 있다. 그럴 땐 상황에 맞게 루틴을 조금 바꿔 보자. 하루를 놓쳤다고 해서 너무 자책할 필요는 없다. 그 경험에서 배우고, 다음 날 다시 시작하면 된다.

되돌아보고 개선하기

주기적으로 진행 상황을 점검하고 루틴을 다듬어 보자. 잘되고 있는 건 무엇인지, 개선이 필요한 부분은 무엇인지 살펴보는 것이다. 이런 점검을 통해 루틴을 더 효과적으로 만들 수 있다. 지속적으로 개선해 나가다 보면 그 과정 자체에서 동기가 유지되는 효과도 있다.

즐거움 찾기

루틴 속에 정말 즐거운 활동이 있는지 확인해 보자. 루틴이 그저 해야 할 일로만 느껴진다면 오래 유지하기 힘들다. 과정 자체에서 즐거움을 찾으면 내적 동기가 저절로 강해진다.

끝까지 가보기

70일 루틴은 단거리 달리기가 아닌 마라톤이다. 좋을 때도 있고 힘들 때도 있겠지만, 매일이 성장의 기회다. 작은 진진도 축하하고, 어려움에서도 배우며, 목표를 향해 계속 나아가자.

70일의 여정은 마치 산을 오르는 것과 같다. 처음에는 정상이 닿을 수 없을 정도로 멀어 보일지 모른다. 그러나 한 걸음 한 걸음 올라갈수록 정상에 가까워지고, 눈앞의 풍경은 더욱 아름다워질 것이다. 목표도 중요하지만, 그 과정 자체도 소중하다는 점을 잊지 말자. 끈기와 내적 동기, 그리고 적절한 전략이 함께한다면 삶을 개선하고 목표에 날마다 한 걸음 더 다가가는 지속 가능한 루틴을 만들 수 있다.

하루 5분 초간단 아침 루틴:
데일리 루틴

크든 작든 위대한 업적을 이룬 사람들의 공통점 중 하나는 매일의 루틴, 그 중에서도 아침 루틴을 가지고 있는 경우가 많다는 것이다. 애플의 CEO 팀 쿡이 매일 새벽 3시 45분에 기상한다는 이야기를 기억하는가? 그는 극도로 이른 시간에 일어나는 아침형 인간 스타일이다. 일어나서 2시간 동안은 이메일을 읽고, 운동을 하고, 나머지 하루를 위한 계획을 세운다. 쿡은 이 의식을 통해 머리가 맑아지고 집중력을 발휘하여 하루를 시작할 수 있는 마음가짐을 갖게 된다고 한다.

아침 루틴을 중요시하는 것은 팀 쿡만이 아니다. 현대그룹의 창립자 정주영 회장은 매일 새벽 4시 무렵 기상해 곧바로 회사로 출근했다. 그는 다른 직원들보다 먼저 현장을 둘러보며 하루를 시작했고, 이른 아침 시간을 통해 현대그룹을 글로벌 기업으로 성장시키는 데 중요한 결정을 내렸다. 정 회장은 "이른 새벽의 시간이야말로 가장 생산적"이라는 철학을 실천한 대표적인 인물이다.

이 외에도 스타벅스의 전 CEO 하워드 슐츠, 트위터의 공동 창립자인 잭 도시, 영국의 마거릿 대처 전 수상, 버진 그룹의 수장 리처드 브랜슨 등 이른 새벽에 일어나 아침 루틴을 실천하는 것으로 유명한 사람은 셀 수 없을 만큼 많다. 아카데미 남우주연상 후보이자 드라마 〈안투라지Entourage〉를 제작한 할리우드 배우 마크 워버그는 심지어 새벽 2시 반에 일어나 하루를 기도로 시작하는 것으로 알려져 있다.

최근 유행하는 '미라클 모닝'도 대표적인 아침 루틴으로, 우리가 '갓생'을 꿈꿀 때 흔히 떠올리는 이미지다. 미라클 모닝의 목표는 이른 아침에 하루를 의도적이고 생산적으로 시작함으로써 전반적인 삶의 질을 향상시키는 데 있다.

물론 등교하랴, 출근하랴 바쁜 와중에 아침 루틴을 정립하기란 결코 쉽지 않다. 하지만 심리적 이점과 장기적인 이득을 생각하면 노력할 만한 가치가 충분하다. 아침 루틴은 자신감과 생산성을 높이는 데 도움이 되며, 하루를 체계적이고 목표 지향적으로 시작할 수 있게 해준다.

왜 아침 루틴인가?

아침 루틴의 효과를 이해하기 위해 마음을 정원에 비유해 보자. 정원을 방치하면 산만함, 스트레스, 부정적인 생각이라는 잡초가 무성해질 수 있다. 아침 루틴은 매일 그 잡초를 제거하는 과정과 같다. 잡초를 제거하고 생산성, 집중력, 긍정의 씨앗을 심는 데 도움이 된다. 이는 단순한 비유가 아니라 심리학에 근거한 것이다. 심리학자들은 규칙적인 루틴이 불안을 줄이고 자기 조절 능력을 향상시킨다고 말한다.

의식적으로 반복하는 행동은 질서와 예측 가능성을 만들어 준다. 매일 아침 양치질을 하는 것이 몸에 '일어날 시간'이라는 신호를 보내듯, 일관된 아침 루틴은 하루의 리듬을 만들어 준다. 이런 일상적인 행동은 뇌에 안정감을 주고, 새로운 하루를 준비하게 한다.

또한, 아침 루틴은 우리 몸의 자연스러운 리듬과도 밀접한 관련이 있다. 인체는 일주기 리듬이라는 24시간 주기로 움직이며, 이 리듬은 수면·각성 주기, 호르몬 분비, 체온 등 다양한 생리적 과정을 조절한다. 매일 같은 시간에 일어나고 잠자리에 들면 이 리듬이 안정화되어 수면의 질과 전반적인 건강을 개선하는 데 도움이 된다.

아침 루틴은 의사결정 피로를 해소하는 데도 효과적이다. 선택의 부담이 줄어들어, 머리를 맑게 유지하는 데 도움이 된다.

스티브 잡스가 매일 같은 옷을 입었던 이유를 떠올려 보자. 그는 사소한 결정에 에너지를 쓰지 않음으로써 더 중요한 창의적이고 전략적인 사고에 집중할 수 있었다. 우리 또한 매일 같은 옷을 입을 필요는 없지만, 정해진 아침 루틴을 실천하는 것만으로도 의사결정 피로를 크게 줄일 수 있다.

예를 들어, 아침 활동의 순서를 미리 정해두거나 아침 식사 계획을 세워두는 것만으로도 소중한 두뇌 에너지가 절약된다. 이렇게 일상의 작은 부분들을 자동화하면 중요한 결정에 사용할 에너지를 확보할 수 있다.

심리학자 앨버트 반두라의 '자기효능감 이론Self-Efficacy Theory'도 아침 루틴의 중요성을 잘 보여준다. 자기효능감이란 특정 상황에서 성공하거나 과제를 해낼 수 있다는 자신의 능력에 대한 믿음을 말한다. 아침 루틴을 만드는 과정은 그 자체로 자기효능감을 키우는 강력한 방법이다. 매일 아침 달성 가능한 작은 목표를 세우고 이를 꾸준히 이뤄내면, 더 크고 어려운 목표도 해낼 수 있다는 자신감이 생기기 때문이다.

예를 들어, 침대 정리 같은 간단한 일로 하루를 시작하면 작은 성취감을 느끼고 하루를 긍정적으로 시작할 수 있다. 네이비실 제독 윌리엄 H. 맥레이븐은 "세상을 바꾸고 싶다면 침대 정리부터 시작하라"고 했다. 침대를 정리하는 작은 행동으로 주변 환경과 하루를 통제하는 느낌을 받고, 이를 통해 자제력과 자기효능감을 기를 수 있다는 뜻이다.

5분 일찍 아침 루틴 전략

아침 루틴을 만들기 위해 갑자기 새벽 일찍 일어날 필요는 없다. 작은 변화로 조금씩 아침을 바꾸는 시도가 중요하다.

매일 5분 일찍 일어나는 것도 실용적이고 효과적인 방법이다. 점진적으로 접근하면 큰 충격 없이 몸과 마음이 잘 적응할 수 있다. 크게 힘들지 않지만, 효과는 충분하다. 단 5분이라는 짧은 시간으로도 하루를 시작하는 방식을 크게 바꿀 수 있다.

먼저 매일 같은 시간에 일어나는 습관을 들이자. 몸의 리듬을 위해 평일, 주말 구분 없이 일정한 시간에 일어나도록 노력하자. 그리고 기타를 조율하듯 아침 루틴을 조금씩 조정해 보자. 알람을 5분 일찍 맞추고 그 시간에 뭔가 좋은 일을 해 보는 것이다. 딱 5분만 일찍 일어나서, 다음의 활동 중 하나를 골라 실천해 보자.

얼굴 씻기 전, 마음부터 씻기

아침에 눈 뜨자마자 활동하기가 부담스럽다면(저혈압 등 여러 이유로 이런 분들이 적지 않다), 일어나서 커튼을 걷고 창문을 열고 침대에 가만히 앉아있는 것만으로도 충분하다. 눈을 감고 깊게 숨을 쉬어 보자. 꼭 거창한 명상까지는 아니더라도 이렇게 간단히 마음을 챙기는 것만으로도 머리가 맑아지고 하루를 더 집중해서 보낼 수 있다.

눈을 감고 앉아 있는데 무슨 생각을 해야 할지 모르겠다면, 마음을 고요한 연못이라고 상상하자. 그리고 깊게 숨을 쉬며 이렇게 말해 보자. "아침 공기를 가슴 깊이 들이마시며 하루를 시작하면 평온함과 맑은 정신이 하루 종일 퍼져나간다. 이 평온함 덕분에 오늘 하루 더 또렷하고 집중된 마음으로 생산성이 향상되고, 행복감을 느낄 수 있을 것이다."

몸을 깨우니 정신도 깨는 일석이조 스트레칭

신체 활동도 효과적인 아침 루틴의 중요한 요소다. 단 몇 분이라도 운동을 하면 에너지 수준이 높아지고, 기분이 좋아지며, 인지 기능이 향상된다. 간단한 스트레칭이라 해도 운동은 천연 기분 개선제인 엔도르핀을 분비시키고, 스트레스와 불안을 줄이는 데 도움이 된다.

일어나자마자 스트레칭을 하기 위해서는 간단한 준비가 필요하다. 자기 전에 미리 요가 매트를 깔아놓고, 5분짜리 스트레칭 영상을 스마트폰이나 태블릿에 저장해 놓으면 번거로운 과정을 줄일 수 있다. 번거롭고 귀찮으면 자꾸 뛰어넘는 날이 생기기 십상이다. 루틴에 들어가기 위한 단계를 간소화하면, 아침 스트레칭을 습관화하는 데 도움이 된다.

조금 더 일찍 일어나는 데 적응하고 나면 빠르게 걷기, 요가, 간단한 운동 등의 신체 활동을 아침 루틴에 포함시켜 보자. 하루의 나머지 시간에 긍정적인 기운을 불어넣을 수 있을 것이다.

내 몸보다 중요한 것은 없다! 건강식 챙기기

〈나혼자 산다〉나 〈전지적 참견시점〉 같은 관찰 예능 프로그램을 보면, 눈 뜨자마자 영양제와 건강 주스 등을 마시는 연예인들의 모습이 종종 나온다. 그 중에 혹시 좋아하는 연예인이 있다면, 따라 해 보자. 실제로 성공적인 아침 루틴을 위해서는 건강한 영양 섭취가 필수다. 영양가 있는 아침 식사로 하루를 시작하면 몸이 최상의 컨디션을 유지하는 데 필요한 에너지를 얻을 수 있다.

영양제나 건강 주스만으로는 부족하거나, 아침 루틴 후 식사할 시간이 없다면 5분 안에 먹을 수 있는 간단한 요기거리도 괜찮다. 5분이면 바나나 하나와 두유 한 팩 정도는 충분히 먹을 수 있다. 전날 밤에 오버나이트 오트밀이나 견과류, 냉동 베리, 그래놀라를 섞은 무가당 요거트 볼을 미리 준비해 두는 것도 방법이다. (밀프렙, 요거트 볼, 오버나이트 오트밀 등을 검색하면 다양한 레시피를 찾을 수 있다.)

아침에 단 음식이나 가공식품 대신 영양 좋은 음식을 먹으면 혈당 수치와 컨디션을 안정적으로 유지하는 데도 도움이 된다.

눈 뜨자마자 일정 점검

MBTI가 극 J형이거나 일 욕심 많은 사람들에게 딱 맞는 아침 루틴이 있다. 바로 눈 뜨자마자 하루를 계획하고 우선순위를 정하는 것이다. 아침에 눈을 뜨면 스마트폰을 집어 캘린더 앱을 연다. 몸을 일으켜

앉으면서 5분 동안 오늘 일정을 훑어보고, 중요한 일부터 대충이라도 정리해 본다. 시간관리가 목적이 아니라, 하루의 목표를 확실히 세우기 위한 것이니 너무 깊게 고민할 필요는 없다. 다만 이러한 5분의 의식을 통해 오늘 하루 목적의식과 방향성을 가지고 업무에 임할 수 있을 것이라고 생각하자.

이렇게 5분 일찍 루틴에 익숙해지면, 한 가지 한 가지씩 행동을 더함으로써 아침 루틴을 늘릴 수 있다. 제임스 클리어가 《아주 작은 습관의 힘》에서 제시한 '습관 쌓기'를 적용해 보는 것이다. 습관 쌓기란, 새로운 습관을 기존 습관에 연결하여 자연스럽게 이어지는 행동의 사슬을 만드는 것이다. 예를 들어, 이미 아침에 양치질하는 습관이 있다면 양치질 직후에 물 한 잔 마시기 같은 새로운 습관을 더할 수 있다. 새 습관을 기존 습관에 덧붙이면 이미 있는 뇌의 신경 회로를 활용해 새 행동이 더 쉽게 자리 잡을 수 있다는 게 핵심이다.

가령, 5분 마음 세수에 이어 캘린더를 확인하고, 이렇게 정신이 각성되는 데 어느 정도 익숙해지면 스트레칭도 더해 보는 식이다. 운동을 5분에서 10분, 15분, 20분으로 늘려볼 수도 있다.

나만의 규율을 만들자! 단, 강박은 갖지 말 것

아침 루틴의 이점은 생산성과 효율성 향상이라는 즉각적인 효과를 뛰어넘는다. 이런 작고 꾸준한 행동들이 모여, 시간이 지나면서 개인의 성장과 변화로 이어질 수 있다.

하지만 살다 보면 의욕이 떨어지는 날도 있기 마련이다. 이럴 때를 대비해 각자 나름의 규율이 필요하다. 아침 루틴을 지키기 위한 자신만의 규율을 만들려면 의도, 일관성, 심리적 전략이 잘 어우러져야 한다.

의도

먼저, 이 루틴을 만들려는 이유와 그 장점을 확실히 알아야 한다. '왜'를 알면 새 습관을 만들 때 생기는 어려움을 이겨낼 동기가 생긴다.

일관성

일관성은 규율을 만드는 데 정말 중요하다. 매일 같은 시간에 일어나다 보면 몸의 생체 리듬이 조절돼서 상쾌하게 일어나기 쉬워진다. 이렇게 규칙적으로 생활함에 따라 의식하지 않아도 아침 루틴이 자연스러운 습관이 된다.

구체적이고 할 수 있는 목표를 세우는 것부터 시작하자. 방금 소개한 '5분 일찍 아침 루틴 전략'은 지속성에서 효과적이다. 5분이라는 시간도, 해야 할 일도 명확하고 일정하기 때문이다. 이처럼 아침 시간 전체를 한꺼번에 바꾸려 하지 말고, 가장 효과 있을 것 같은 한두 가지 핵심 활동에 집중하자. 목표를 작고 쉬운 단계로 나누면 부담도 덜하고 성공 가능성도 높아진다.

심리적 전략

책임감을 이용하면 자제력을 크게 높일 수 있다. 응원해 줄 친구나 가족에게 아침 루틴 목표를 말하거나, 비슷한 목표를 가진 모임이나 온라인 커뮤니티에 가입해 루틴 달성 상황을 공유해 보자. 여유가 된다면 돈을 내고 전문가에게 운동 지도를 받거나 전화 영어 같은 외국어 수업을 듣는 것도 좋다. 강사와의 약속, 낸 돈에 대한 책임감 때문에 더 열심히 하게 될 수 있다.

긍정적 강화 같은 심리 기법을 쓰는 것도 규율을 세우는 좋은 방법이다. 루틴을 지킨 보상으로 좋아하는 음식이나 여가 활동 등 작은 선물을 자기 자신에게 주자. 이런 보상이 아침 루틴과 좋은 연관성을 만들어 더 즐겁고 쉽게 계속할 수 있게 된다.

알람을 맞추거나 집 곳곳에 메모를 붙여 아침 활동을 상기시킬 수도 있다. 필자는 내 목소리를 AI 보이스로 만들어 "여섯 시, 아침 운동 시간입니다"라는 알람을 맞춰 놓았다. 내 목소리로 알람을 들으면 나와의 약속이라는 걸 떠올리는 데 도움이 된다. 또한 앞서 말한 것처럼 스트레칭에 사용할 매트를 미리 깔아 두거나 전날 밤 건강식을 준비해 두는 것도 루틴을 상기시키는 데 효과적이다.

진행 상황을 점검하고 필요하면 수정하는 것도 규율을 유지하는 데 중요하다. 무엇이 효과가 있고 없는지 주기적으로 살펴보자. 루틴의 어떤 부분이 계속해서 어렵게 느껴진다면 나에게 맞게 바꾸는 것도 생각해 봐야 한다. 힘들어서 못 하겠는 일을 억지로 하기보다는 유연하게 대처하는 편이 장기적으로 더 낫다.

지금까지 소개한 여러 방법을 잘 섞어 쓰면 아침 루틴을 꾸준히 지키는 데 필요한 규율을 만들 수 있다. 이렇게 체계적으로 접근하면 아침 시간을 더 효율적으로 쓸 수 있을 뿐 아니라, 하루 전체에도 좋은 영향을 미칠 것이다.

다만, 한 가지 주의할 점이 있다. 아침 루틴은 최대한 지키려 노력해야 하지만, 너무 강박을 가질 필요는 없다. 삶은 예측할 수 없으며, 지나치게 경직된 루틴은 스트레스의 원인이 될 수 있다. 우리의 목표는 삶에 부담을 가중시키려는 것이 아니다. 루틴을 만드는 이유는 삶의 질을 높이기 위해서이다. 그러니 필요하면 루틴을 유연하게 조절하자. 너무 피곤한 날에는 억지로 평소 활동을 하기보다 조금 더 쉬는 게 나을 수 있다. 오래 지속할 수 있는 일상을 만들려면 내 몸과 마음의 소리에 귀 기울이는 것이 중요하다.

만약 게으름을 부리는 등의 이유로 하루를 놓쳤다고 해도 지나치게 자신을 탓하지는 말자. 대신, 실패를 인정하고 왜 그랬는지 생각해 본 뒤 다음 날 다시 루틴으로 돌아오면 된다. 이렇게 너그럽게 대하는 것이 오히려 장기적으로 성공하는 데 도움이 될 것이다.

성취를 프로그래밍하라:
퍼포먼스를 위한 루틴

이쯤 되면 궁금할 것이다. 아침 루틴을 70일간 꾸준히 수행하고 그것이 삶에 정착된다고 해서, 과연 우리의 인생이 궁극적으로 변할 수 있을까? 독자들 중에는 이미 '미라클 모닝 챌린지'에 참여해 본 분들도 있을 것이다. 그중 많은 분들이 이렇게 생각할지 모른다. '아침 루틴을 성공적으로 해 낸다고 해서 정말 무언가 크게 달라질까?'

나도 마찬가지였다. 미라클 모닝이 유행하기 20년 전, 그리고 10여 년 전에도 아침형 인간이 유행했었다. 새벽 5시에 일어나서 걷고, 책을 읽고, 공부를 하면 뭔가 변화가 있을 것 같았지만, 기대하던 놀라운 변화는 일어나지 않았다. 물론 성취감은 느꼈지만, 성취감만으로는 현실적인 변화를 이끌어 내기에 부족했다.

물론 하루 5분이든 새벽 5시든, 아침 루틴을 꾸준히 지속하면 그 효파는 언젠가 분명 누적되어 나타나게 된다. 그러나 좀 더 드라마틱한 변화와 성취를 원한다면, '루틴'을 보다 깊이 이해해야 한다.

루틴은 패턴화된 행동 양식을 통해 우리의 뇌와 신체가 효율적으로 작동하도록 하는 효율성 전략이다. 반복적인 행동을 통해 신경 경로를 강화하고, 이를 통해 특정한 행동이 자동화되도록 만드는 것이다. 이로 인해 신속하게 의사결정을 할 수 있으며, 예기치 못한 상황에도 효과적으로 대처할 수 있게 된다.

루틴은 행동과학, 생리학, 신경과학 등 다양한 학문에서 연구되는 다층적인 개념이지만 아마도 가장 많이 활용되는 곳은 스포츠 분야일 것이다. 루틴은 근본적으로 '결과를 목적으로 하는 효율성 전략이기 때문이다. 즉, 지속적인 훈련을 통한 신체적 준비와 정신적 안정, 일관성을 제공하여 최고의 퍼포먼스를 발휘하게 한다. (비슷한 이유로 성공학에서는 효율성, 목표 달성, 지속적 성장을 촉진하는 성취의 도구로써 루틴이 자주 언급된다.)

실제로 대부분의 프로 선수들이 자신만의 루틴을 가지고 있는 것은 이 때문이다. 최고의 선수들처럼 특정한 행동 양식을 통해 최고의 수행 결과를 낼 수 있다면, 이를 우리 삶에도 적용할 수 있지 않을까? 지금부터는 단순한 '습관'을 넘어 최고 수행을 위한 강력한 도구로써 루틴을 살펴보겠다.

승부를 위한 루틴, 프리 퍼포먼스 루틴이란?

'프리 퍼포먼스 루틴Pre-Perfomance Routine', 우리말로 사전 준비 루틴 혹은 경기 전 루틴이라는 말을 들어 보았는가? 이 단어를 보면 대다수가 스포츠 선수들이 경기에 앞서하는 특정한 의식을 떠올릴 것이다.

예를 들어, 손흥민은 경기장에 들어갈 때마다 매우 독특한 행동을 한다. 오른발로 사이드라인을 밟고 그대로 점프해서 또다시 오른발로 필드를 밟는 것이다.

농구 역사상 최고의 선수 중 한 명으로 꼽히는 마이클 조던 또한 자유투를 던질 때 항상 같은 루틴을 따랐다. 어깨너비로 서서, 공을 회전시키고, 3번 튀긴 후 림을 응시한 후에야 슛을 던졌다.

세계적인 골퍼 타이거 우즈의 경우, 샷을 하기 전에 항상 공의 궤적과 목표 지점을 시각화했다. 그는 머릿속에서 완벽한 샷을 여러 번 그려본 후에야 실제 샷을 한다고 밝힌 바 있다.

테니스 선수 라파엘 나달은 서브 포인트 전에 여러 단계와 움직임으로 구성된 매우 세밀한 루틴으로 유명하다.

마찬가지로, 수영 선수 마이클 펠프스는 경기 전 특정 스트레칭을 통해 근육을 풀어주고, 정신적 준비를 위해 음악을 듣는 루틴을 가지고 있다.

그렇다면 왜 이런 루틴이 중요한 것일까? 단순히 습관일 뿐인데, 왜 세계 최고의 선수들은 경기 전 루틴을 그렇게 철저히 지키는 것일까?

혹자는 징크스와 대비하여 루틴 또한 미신 취급하기도 하지만, 그렇지 않다. 프리 퍼포먼스 루틴은 운동선수들이 불안을 줄이며 최상의 기량을 발휘하고, 경기 중 집중력을 향상시키기 위해 수행하는 체계적인 정신적·행동적 과정이다. 이 루틴이 어떻게 작용하는지 이해하기 위해 필자가 공부한 내용을 간략히 정리해 보겠다.

신경생리학적 관점

프리 퍼포먼스 루틴에는 우리의 뇌와 신경 시스템을 특정 활동에 최적화된 상태로 만드는 과정이 포함된다. 우리의 뇌는 반복적인 행동을 통해 특정 신경 회로를 강화시키고, 이를 통해 행동이 자동화되도록 하는데, 이 과정을 이해하기 위해서는 '신경 가소성Neuroplasticity'이라는 개념을 살펴봐야 한다.

신경 가소성은 뇌가 새로운 경험이나 학습을 통해 구조와 기능을 변화시킬 수 있는 능력이다. 반복적인 프리 퍼포먼스 루틴은 특정 신경 회로를 강화시켜, 해당 행동이 자동화되고 효율적으로 수행될 수 있도록 한다. 즉, 프리 퍼포먼스 루틴을 꾸준히 반복하면, 뇌는 그 루틴에 맞춰 신경 회로를 최적화하여 해당 활동을 더 자연스럽고 자동적으로 수행할 수 있게 된다. 반복적인 연습을 통해 자전거 타기에 점점 더 능숙해지는 것과 비슷하다. 이러한 신경 회로의 강화는 운동 수행 능력을 향상시키고, 중요한 순간에 더 나은 성과를 낼 수 있게 한다. 프리 퍼포먼스 루틴을 반복적으로 학습함으로써 뇌의 운동 경로가 정확한 움직임을 준비할 수 있도록 설정하는 것이다.

여기에 더해, 근육 기억을 강화하고, 자율신경계를 조절하여 심리적 안정감을 주는 효과도 있다. 자율신경계는 우리의 무의식적 생리 기능을 조절하는 신경계로, 교감신경계와 부교감신경계로 나뉜다. 교감신경계는 스트레스 상황에서 활성화되어 '투쟁-도피Fight-or-Flight' 반응을 유발하고, 부교감신경계는 휴식과 소화를 담당하며 '휴식-회복Rest-and-Digest' 상태를 유도한다. 긴장되거나 불안한 상황에서는 교감신경계가 과활성화되어 심박수 증가, 호흡 가속, 근육 긴장 등의 반응이 나타나게 된다. 적당한 불안감과 긴장감은 승부를 위한 자극이 될 수 있지만, 지나쳐서 스트레스에 압도되면 잘하던 이도 못 하게 되기 십상이다. 경기력이 평소만큼 나오지 않게 되는 것이다.

그러나 프리 퍼포먼스 루틴을 통해 부교감신경계를 활성화하면 지나친 스트레스 반응을 억제하고, 평온을 유지할 수 있다. 많은 선수들이 심호흡이나 명상과 같은 루틴을 가지고 있는 것은 이 때문이다.

한편, 프리 퍼포먼스 루틴은 도파민과 세로토닌 같은 신경전달물질의 수준을 조절하므로 기분, 동기 부여 및 집중력을 높이고 불안을 줄이는 데도 도움이 된다. 예를 들어, 수영선수 박태환은 경기 전 커다란

헤드폰을 쓰고 음악을 들으며 몸을 푸는 것으로 유명했다. 관중의 함성소리에 정신을 빼앗기지 않는 것은 물론, 도파민 분비를 촉진하여 기분과 동기 부여를 높이는 효과 또한 있었을 것이다.

행동심리학적 관점

프리 퍼포먼스 루틴은 반복적인 연습을 통해 습관화되고 조건화된 반응을 만들어낸다. 이 과정에서 인지행동기법이 자주 사용되는데, 시각화, 긍정적인 자기 대화, 목표 설정 같은 기술이 이에 해당한다. 이러한 기술들은 특정 상황에서 부정적인 사고 회로가 작동하지 않도록 돕고, 긍정적인 마음가짐을 유지하며 명확한 목표를 설정하는 데 도움이 된다.

경기를 앞둔 선수가 머릿속으로 경기 장면을 시각화하고 긍정적인 확언을 사용하여 자신감을 높이는 것은, 건축가가 건물을 짓기 전에 설계도를 그리는 것 또는 셰프가 레시피를 점검하는 것과 마찬가지다. 일관성 있는 루틴은 예측 가능성과 신뢰성을 제공하여 불확실성과 스트레스를 줄여준다.

스포츠심리학적 관점

프리 퍼포먼스 루틴은 특히 높은 압박 상황에서 집중력을 극대화하고 방해요소를 차단하는 데 필수적이다. 예를 들어, 골프 선수들은 중요한 퍼트를 준비할 때 프리샷 루틴을 통해 공과 홀에만 집중함으로써 주변의 방해요소를 완전히 배제한다. 체조 선수들 또한 완벽한 평균대 루틴을 머릿속으로 상상하며 각 동작을 마음속에서 연습해 자신감을 높이고 지나친 긴장과 불안을 줄인다.

많은 프로 선수들이 스포츠 심리학자의 도움을 받아 각성 조절 및 이완 기법을 배우고, 프리 퍼포먼스 루틴을 개발한다. 경기 전 너무 불안하거나 너무 긴장된 상태 혹은 반대로 지나치게 이완된 상태는 좋지 않으며, 이를 조절하기 위해 스트레스 예방접종 훈련호흡 조절, 점진적 근육 이완 등으로 균형을 맞추기도 한다. 음악가가 악기를 조율하여 완벽한 음정을 맞추듯, 정신과 신체를 경기에 맞춰 최적의 상태로 조율하는 것이다.

이처럼 프리 퍼포먼스 루틴을 통해 선수들은 신체적으로 뿐만 아니라 정신적·감정적으로도 준비된 상태가 된다.

우리의 일상에도 프리 퍼포먼스 루틴이 필요하다

기회는 예고 없이 찾아온다. 준비되지 않은 사람에게는 그저 스쳐 지나가는 바람에 불과하지만, 준비된 사람에게는 성공의 방문을 열고 들어갈 수 있는 황금 열쇠가 된다. 그 순간을 맞이할 준비가 되어 있다면, 그 기회는 당신의 것이 될 것이다. 이런 사람이야말로 우리가 꿈꾸는 진정으로 준비된 사람이다.

아직 기회를 만나지 못했더라도 도약을 꿈꾸고 있다면, 엘리트 선수들이 사용하는 프리 퍼포먼스 루틴을 삶에 적용해 보자. 우리는 매 순간이 전투인 세상에 살고 있으며, 그 속에서 쉽게 흔들리곤 한다. 운동선수들이 경기 전에 루틴을 통해 자신을 차분하게 만들고 최고의 경기력을 발휘하듯, 우리도 매일 자신만의 루틴을 만들어야 한다.

갑작스러운 면접 전화나 중요한 프레젠테이션 과제 등 예기치 않은 큰 기회가 찾아왔을 때, 준비된 사람만이 그 기회를 잡고 빛을 발할 수 있다. 프리 퍼포먼스 루틴은 언제든 최고의 모습을 보여줄 수 있도록 도와준다. 준비된 자에게 무대는 언제나 열려 있다. 준비가 되었다면, 오늘이 바로 당신의 무대에 서는 날이 될 수 있다. 프리 퍼포먼스 루틴은 당신만의 강력한 무기가 될 것이다!

나만의 프리 퍼포먼스 루틴을 완성하는 9가지 심리 기술

반복적이고 체계적인 준비 과정은 불안을 줄이고 자신감을 높이며, 집중력을 향상시키는 데 효과적이다. 예를 들어, 시험을 앞두고 특정한 공부 루틴을 설정하고 이를 반복적으로 수행하면, 시험 당일에 최적의 집중력과 평정심을 유지할 수 있다.

마찬가지로, 감정적 및 심리적 기술을 통합하면 나만의 프리 퍼포먼스 루틴을 더욱 창의적이고 효과적으로 완성할 수 있다. 아래의 9가지 심리 기술을 통해 나만의 루틴을 완성해 보자. 이러한 기술들은 불확실한 상황에서도 자신감을 유지하고 최고의 능력을 발휘하도록 도와줄 것이다.

1 문제를 확인하고 집중하기

먼저, 자신이 겪고 있는 특정한 감정이나 문제를 명확히 인식하는 것에서 시작하자. 시험공부를 시작하기 전에 어떤 과목이나 챕터가 가장 어렵고 스트레스를 주는지 파악하는 것과 같다. 이렇게 자신의 두려움이나 걱정을 정확히 인식하는 과정은, 이를 해결할 방법을 찾기 위해 필수적이다.

중요한 발표를 앞두고 있다고 가정해 보자. 이때 느끼는 두려움은 발표 준비가 부족해서일 수도 있고, 청중 앞에서 실수할까 봐일 수도 있다. 이러한 구체적인 원인을 찾아내는 것이 중요하다. 이를 위해 스스로에게 다음과 같은 질문을 던져보자.

- 내가 가장 불안해하는 부분은 무엇인가?
- 이 불안을 일으키는 특정한 상황이나 기억이 있는가?
- 이 문제를 해결하기 위해 무엇을 할 수 있을까?

이러한 질문을 통해 자신의 감정을 구체적으로 파악하면, 불안을 해소하고 자신감을 회복하는 데 큰 도움이 된다. 문제의 원인을 명확히 하는 것은 불안감을 줄이고, 더 나은 준비와 대처를 통해 자신감을 높이는 첫걸음이다.

2 심리적 강도 평가하기

다음 단계는 해당 감정이나 문제가 얼마나 강한지 평가하는 것이다. 이는 건강 상태를 점검하기 위해 혈압을 재거나, 운동 전 체온을 측정하는 것과 비슷하다. 감정의 강도를 평가하면, 그에 맞는 대처 방법을 찾는 데 유용하다.

예를 들어, 중요한 발표를 앞두고 긴장감이 10점 만점에 8점이라고 느낀다면, 이 긴장감을 줄이기 위한 방법을 찾아야 한다. 이를 위해 다음과 같은 방법을 활용할 수 있다.

- **감정 일기 쓰기** 느끼는 감정을 일기에 기록하여 자신의 상태를 객관적으로 파악한다.
- **감정 척도 사용** 0에서 10까지의 척도를 사용하여 감정의 강도를 평가하고, 시간이 지남에 따라 변화하는 정도를 관찰한다.

이때 감정 척도란 자신이 느끼는 감정의 강도를 평가하기 위해 사용하는 도구이다. 주로 0에서 10까지의 숫자로 표현되며, 각 숫자는 감정의 강도를 나타낸다. 즉, 0은 전혀 불안하지 않은 상태를, 10은 극도로 불안한 상태를 의미한다. 다음의 척도표를 활용해 보자.

방법 먼저 자신이 어떤 감정을 느끼고 있는지 인식한다.
예를 들어, 긴장, 불안, 화, 기쁨 등의 감정을 떠올리고,
지금 느끼는 감정의 강도를 0에서 10 사이에서 평가한다.

0   1   2   3   4   5   6   7   8   9   10

이러한 방법을 통해 자신의 감정 상태를 명확히 파악하면, 불안 관리와 심리적 준비를 더욱 효과적으로 할 수 있다.

3 긍정적인 자기 수용으로 스스로를 격려하기

문제를 받아들이고 자신을 긍정적으로 격려하는 말자기수용문구을 만들 줄 아는 것은 상당히 중요한 심리 기술이다. 이는 마치 어려운 수학 문제를 풀 때, "이 문제는 어렵지만, 나는 충분히 풀 수 있다"고 자신을 다독이는 것과 같다. 이러한 자기수용을 통해 자신감을 높이고 스트레스를 줄일 수 있다.

예를 들어, "긴장감이 느껴지지만, 이 긴장감은 내 능력을 최대한 이끌어내 줄 기분 좋은 긴장감이다. 나는 잘 해낼 것이다"라는 문구를 반

복하면서 심리적 안정감을 유지할 수 있다. 이러한 긍정적인 문구는 다음과 같이 만들면 좋다.

- **현재 겪고 있는 문제나 감정을 명확히 언급한다.**

  예시) "긴장감이 느껴진다."

- **이어서, 자신을 긍정적으로 받아들이는 문구를 추가한다.**

  예시) "하지만 이 긴장감은 내 능력을 최대한 이끌어내 줄 기분 좋은 긴장감이다. 나는 잘 해낼 것이다."

이와 같은 긍정적인 자기 수용 문구를 반복하면, 자신의 감정을 인정하고 이를 극복하는 데 큰 도움이 된다.

4 신체적 긴장을 완화하기

신체의 긴장을 완화하는 데는 특정 지점들을 두드리거나 마사지하는 것이 매우 효과적이다. 예를 들어, 시험 전 긴장할 때, 손목, 손가락, 목 등의 지점을 마사지하며 "나는 준비되어 있다"는 문구를 반복하는 것이다. 이는 근육을 이완시키기 위해 스트레칭을 하는 것과 비슷한 효과를 낸다. 특정 지점들을 부드럽게 두드리며 긍정적인 문구를 반복함으로써, 긴장을 풀고 마음을 차분히 가라앉힐 수 있다.

다음은 신체적 긴장을 완화하는 몇 가지 방법이다.

- **손목 마사지** 손목을 부드럽게 마사지하여 혈액 순환을 촉진하고 긴장을 완화한다.
- **손가락 스트레칭** 손가락을 하나씩 스트레칭하여 긴장을 풀고 집중력을 높인다.
- **목 스트레칭** 목을 천천히 돌리며 스트레칭하여 긴장된 근육을 이완시킨다.

이러한 방법을 통해 몸과 마음을 편안하게 할 수 있으며, 긴장된 상태에서 벗어나 집중력을 유지할 수 있다.

5 루틴의 일관성을 유지하기

루틴의 일관성을 유지하는 것은 매우 중요하다. 운동선수들이 매일 같은 시간에 훈련을 하여 신체 리듬을 맞추는 것과 같은 원리다. 일관성 있는 루틴을 통해 몸과 마음이 그 과정에 익숙해지면, 중요한 날에도 자연스럽게 긴장감을 줄이고 최상의 상태를 유지할 수 있다.

예를 들어, 시험 준비 루틴을 매일 같은 시간에 실행하면 시험 당일에도 익숙한 환경에서 최상의 집중력을 발휘할 수 있다.

다음은 루틴의 일관성을 유지하는 몇 가지 방법이다.

- **일정한 시간 정하기** 매일 같은 시간에 루틴을 실행하여 신체 리듬을 일

성하게 유지한다.

- **루틴 기록하기** 루틴을 일기나 노트에 기록하여 매일의 진행 상황을 확인한다.

- **스스로에게 보상 주기** 루틴을 성공적으로 완료했을 때 작은 보상을 주어 동기를 유지한다.

이러한 방법을 통해 루틴의 일관성을 유지하면, 중요한 순간에도 자신감 있게 임할 수 있다.

6 창의적 활동하기

신체적·정신적 기술에 더해 창의적인 활동을 포함시키면 더욱 효과적이다. 가령, 시험 전 간단한 그림을 그리거나, 색칠하기를 통해 마음을 안정시키는 것도 좋은 방법이다. 이는 어린 시절 색칠 공부를 하며 집중력을 높이고 창의력을 발휘했던 경험을 떠올리게 한다.

다음은 창의적 활동을 통합하는 몇 가지 방법이다.

- **간단한 그림 그리기** 그림을 그리며 마음을 안정시키고 창의력을 자극한다. 이 활동은 집중력을 높이고 스트레스를 해소하는 데 도움이 된다.

- **색칠 공부** 색칠하기를 통해 마음을 차분하게 만들고, 동시에 집중력을 높인다. 이는 시각적 자극을 통해 긴장감을 완화하는 좋은 방법이다.

- **일기나 짧은 이야기 쓰기** 감정을 표현하고 마음을 정리하기 위해 일기
  나 짧은 이야기를 써 보자. 감정적으로 편안해지고, 머리를 맑게 하는 데
  도움이 된다.

이러한 창의적 활동을 통해 마음을 편안하게 만들고 집중력을 높일
수 있다. 또한, 일상적인 루틴에 변화를 주어 더 흥미롭고 즐거운 경험
이 된다. 창의적인 활동은 스트레스 해소뿐 아니라, 새로운 아이디어를
떠올리고 문제를 해결하는 데 긍정적인 영향을 미친다는 사실을 기억
하자.

7 음악과 소리를 활용하기

음악은 강력한 정서적 도구이다. 발표나 시험 전에 자신을 고양시키
는 음악을 듣는 것은, 운동 경기를 앞두고 선수들이 펌프업 음악을 듣
는 것과 같다. 또한, 준비 과정 중에 조용한 배경음악을 틀어 두면 더욱
효과적으로 긴장감을 완화할 수 있다.

다음은 음악과 소리를 활용하는 몇 가지 방법이다.

- **기분을 끌어올리는 음악 듣기** 긍정적인 에너지를 얻기 위해 에너지를
  북돋는 음악을 들어보자. 자신감을 높이고 긍정적인 마음가짐을 유지하
  는 데 도움이 된다.

- **조용한 배경음악 틀기** 준비 과정 중에 차분한 배경음악을 틀어 두면, 마음이 안정되고 긴장감이 줄어드는 효과가 있다.
- **자연의 소리에 귀 기울이기** 자연의 소리를 들으면 스트레스가 줄어들고 마음이 편안해진다. 바람 소리, 물 흐르는 소리, 새소리 등은 평온함을 느끼게 해 준다.

이러한 음악과 소리의 활용을 통해 감정을 조절하고 긍정적인 상태를 유지할 수 있다.

8 마음챙김과 명상

마음챙김과 명상은 심리적 안정과 집중력을 높이는 데 매우 유용하다. 예를 들어, 중요한 회의를 앞두고 짧은 명상 세션을 통해 마음을 차분히 하고, 심호흡을 통해 구체적인 불안을 해소하면 더 집중되고 차분한 상태로 회의에 임할 수 있다.

다음은 마음챙김과 명상을 활용하는 몇 가지 방법이다.

- **짧은 명상 세션** 중요한 순간 전, 짧은 명상 시간을 통해 마음을 차분히 한다. 몇 분 동안이라도 깊게 집중하며 마음을 가라앉히면 긴장감이 줄어들고 보다 명확한 사고를 할 수 있게 된다.
- **심호흡 연습** 심호흡은 스트레스를 줄이고 마음을 안정시키는 데 효과

적이다. 천천히 깊게 숨을 들이쉬고 내쉬는 것을 반복함으로써 긴장을 풀고, 차분한 상태를 유지할 수 있다.

- **마음챙김 연습**　현재 순간에 집중하는 마음챙김 연습은 정신을 차분하게 만드는 데 도움이 된다. 주변 환경과 자신의 감각에 집중하면서, 지금 이 순간에 온전히 존재하는 경험을 통해 마음을 정돈할 수 있다.

9 최종 준비와 평가하기

마침내 중요한 순간이 다가왔다면, 긴장감을 조절하고 긍정적인 상태를 유지하는 것이 중요하다. 운동선수가 경기 직전 몸을 풀고 마지막 스트레칭을 하는 것처럼, 심리적으로 준비하며 최종 점검을 해야 한다. 예를 들어, "나는 준비되어 있고, 내 능력을 믿는다"라는 문구를 반복하며 깊게 숨을 들이쉬어 보자.

다음은 최종 준비와 평가를 위한 몇 가지 방법이다.

- **긍정적인 문구 반복**　긍정적인 문구를 반복하며 자신감을 높인다.
- **심호흡 연습**　심호흡을 통해 마음을 차분히 하고 긴장감을 완화한다.
- **최종 점검**　중요한 순간 전, 준비 사항을 최종 점검함으로써 자신감을 유지한다.

이러한 최종 준비와 평가를 통해 자신감을 갖고 이제껏 준비해 온 것들을 최대한 발휘할 수 있다.

이렇게 다양한 심리적 기술을 통합한 프리 퍼포먼스 루틴은 심리적·정서적 준비를 더욱 창의적이고 효과적으로 만들어준다. 이 루틴은 자신의 감정을 인식하고 다루는 능력을 향상시키며, 불안과 스트레스를 줄이고, 집중력과 자신감을 높인다. 꾸준히 연습하고 자신의 일상에 맞게 적용한다면 중요한 순간을 차분하고 자신감 있게 맞이할 수 있을 것이다.

갓생의 걸림돌을 치워라: 나쁜 습관 버리기

'루틴을 만드는 것이 나만 이렇게 어려운 걸까?'라고 생각하는 사람들이 있을 것이다. 여러 번 시도했지만, 루틴 형성에 실패한 이들이 많다. 그렇다면 일상 속에 너무 많은 '잡동사니'가 쌓여 있는 것은 아닌지 살펴보자. 여기서 말하는 잡동사니는 단순한 물리적 어수선함이 아니다. 우리의 시간과 에너지를 낭비하는 무의식적인 행동, 즉 나쁜 습관이 여기서 언급한 잡동사니에 해당한다.

성공적인 루틴을 만들기 위해서는 이러한 나쁜 습관을 인식하고 제거하는 과정이 필요하다. 루틴을 구축하는 과정에는 새로운 행동 양식을 개발하는 것뿐만 아니라, 시간과 에너지를 빼앗는 나쁜 습관을 버리는 것도 포함된다. 이런 습관들은 조용하지만 끈질기게 우리 삶에 스며들어, 긍정적인 변화를 만드는 데 필요한 귀중한 시간과 에너지를 갉

아먹는다.

나쁜 습관은 자주 눈에 띄지 않게 일상에 자리 잡아, 마치 떼려야 뗄 수 없는 것처럼 느껴지기도 한다. 이로 인해 피로감, 무기력감, 막막함이 이어져 긍정적인 일상을 이어나가기가 매우 어려워진다. 루틴을 만들고 유지하는 데 어려움을 겪고 있다고 너무 걱정하지 말자. 대부분의 사람들이 좋은 루틴을 만드는 데 걸림돌이 되는 나쁜 습관을 몇 가지씩 가지고 있기 때문이다.

나쁜 습관을 인식하고 제거하는 것이 성공적인 루틴을 만드는 첫걸음이 될 수 있다. 이런 과정을 통해 잡동사니를 정리하고, 당신만의 승리하는 루틴을 만들어보자.

이래도 그냥 놔둘 텐가

나쁜 습관이 우리 삶에 미치는 영향을 다시 한번 생각해 보자. 우리 삶이 흐르는 강물이라면, 나쁜 습관은 그 강물을 탁하게 만드는 오염물질과 같다. 오염된 강물이 그 속의 모든 생명체에 영향을 미치듯, 나쁜 습관도 우리 삶 구석구석에 스며들어 건강, 생산성, 행복에 악영향을 준다. 특히 나쁜 습관은 목표를 이루기 위한 시간과 열정을 갉아먹는다. 예를 들어, 미루는 습관은 단순히 시간을 낭비하는 데 그치지 않고 마음의 평화까지 앗아가 스트레스와 좌절감을 안겨준다.

이렇게 설명해도 실감이 나지 않는다면, 나쁜 습관을 일상의 에너지를 빨아들이고 지치게 만드는 기생충이라고 상상해 보자. 당장 없애고 싶어지지 않는가? 실제로 나쁜 습관은 충분히 잤는데도 피로와 무기력을 느끼게 하는 주범이 될 수 있다. 불규칙한 수면 습관, 운동 부족, 건강에 해로운 식습관은 몸의 자연스러운 리듬을 방해해 끊임없이 피로를 유발한다. 그 결과, 의욕은 떨어지고 새로운 긍정적인 루틴을 시작하기가 어려워진다.

더 큰 문제는 나쁜 습관일수록 익숙해져서 쉽게 벗어나기 어렵다는 점이다. 마치 관성의 법칙처럼, 어느새 비생산적인 패턴으로 되돌아가게 된다. 나쁜 습관을 가지고 사는 건 무거운 배낭에 바위를 가득 넣고 산을 오르는 것과 같다. 그 무게 때문에 새로운 일상을 시작하려는 한 걸음 한 걸음이 점점 더 힘들게 느껴진다.

이제 이 나쁜 습관들을 내려놓고, 가벼운 발걸음으로 새로운 루틴을 만들어야 할 때다.

나쁜 습관에서 벗어나려면 습관의 심리적 메커니즘을 이해하는 것이 중요하다. 좋은 습관이든 나쁜 습관이든, 습관은 '단서, 루틴, 보상'으로 구성된 습관 루프를 통해 형성된다. 이 루프는 뇌의 기저핵에 깊이 자리 잡고 있으며, 우리의 자동 행동을 관장한다.

습관 루프는 다음과 같은 3가지 요소로 이루어진다. 첫째는 단서Cue로, 특정 행동을 유발하는 자극 또는 일종의 신호다. 시간, 장소, 감정 상태, 다른 사람들과의 상호작용, 혹은 이전의 행동 등이 단서가 될 수 있다. 예를 들어, 휴대폰 진동은 메시지를 확인하도록 유도하는 단서이다.

둘째는 루틴Routine으로, 단서에 따라 자동으로 실행되는 행동이다. 이 루틴이 반복되면서 행동은 습관으로 굳어지게 된다. 예를 들어, 휴대폰을 확인하는 행동이 바로 루틴이다.

셋째는 보상Reward으로, 루틴을 완료한 후 얻는 만족감이나 쾌락이다. 이때 뇌에서 도파민이 분비되며 쾌감을 느끼게 되는데, 이로 인해 그 행동이 강화되고 반복되게 된다. 예를 들어, 휴대폰을 확인한 후 메시지를 확인하며 얻는 사회적 상호작용이 보상이다.

이 습관 루프가 반복될수록 행동은 더욱 자동화되며, 의식적인 노력 없이도 해당 행동을 반복하게 된다. 이 과정은 뇌의 기저핵에 깊이 자리 잡아, 습관을 형성하고 유지하는 역할을 한다.

서던 캘리포니아 대학교의 심리학 및 경영학 교수인 웬디 우드 박사는 우리가 매일 하는 행동의 약 43%가 습관적이라는 점을 강조한다. 이는 매일 하는 일의 거의 절반이 의식적인 결정이 아니라, 이 습관 루프에 의해 좌우된다는 뜻이다.

나쁜 습관이 깨지기 어려운 이유는 바로 이 습관 루프의 강력한 구조 때문이다. 나쁜 습관은 종종 즉각적인 보상을 제공하기 때문에, 우리 뇌는 장기적인 이익보다 당장의 만족을 우선하게 된다. 예컨대, 휴대폰을 자주 확인하는 습관은 생산성을 해칠 수 있지만, 사회적 상호작용에서 얻는 즉각적인 만족감 때문에 쉽게 포기하기 어렵다.

나쁜 습관에서 벗어나고 새로운 습관을 만들려면, 먼저 습관 루프의 각 요소를 분석해야 한다. 단서를 파악하고, 그에 따른 루틴을 의도적으로 바꾸며, 긍정적인 보상으로 대체하는 방식으로 습관 루프를 재구성할 필요가 있다. 이런 과정은 시간이 걸리지만, 새로운 습관을 성공적으로 만들고 나쁜 습관을 깨는 데 큰 도움이 될 것이다.

나쁜 습관을 없애기 위해 우선적으로 필요한 것들

나쁜 습관을 극복하기 위한 첫 번째 단계는 그 습관을 명확하게 파악하는 것이다. 여기에는 자기 성찰과 솔직한 자기 평가가 필수적이다. 이를 위해 일주일 동안 습관 일기를 써보자. 바꾸고 싶은 행동을 적어보고, 그 행동이 일어나는 계기와 상황을 함께 기록하는 것이다. 예를 들어, 매일 오후 정크푸드를 찾게 된다면 그 시간에 무슨 일이 있었는지, 스트레스를 받았는지, 지루함을 느꼈는지, 혹은 단순히 습관적으로 그런 행동을 했는지 적어 보자.

변명은 종종 나쁜 습관을 유지하기 위한 방어 메커니즘으로 작용한다. 이는 변화의 불편함을 피하고 현재 상태를 정당화하려는 심리적 경향 때문이다. '시간이 부족해서', '너무 피곤해서', '바꾸기가 너무 힘들어서' 등의 핑계를 대는 것이 일반적이다. 이러한 변명에서 벗어나기 위해서는 변명에 도전하고 이를 재구성하는 것이 필요하다.

시간이 부족하다는 변명부터 해결해 보자. 시간관리는 진정으로 중요한 일의 우선순위를 정하는 것이다. 일주일 동안 실제로 시간이 어떻게 사용되고 있는지 확인해 보자. SNS를 검색하거나 TV를 시청하는 등 목표와 관련 없는 활동에 많은 시간을 소비하고 있다는 사실을 깨달을 수 있다. 이 시간을 긍정적인 루틴에 재할당하면 더 균형 잡히고 생산적인 일정을 만들 수 있다.

너무 피곤하다는 것은 또 다른 흔한 핑계다. 이는 수면 부족이나 운동 부족과 같이 에너지를 소모하는 나쁜 습관의 결과인 경우가 많다. 이러한 부분을 점진적으로 개선하면 에너지 수준을 높일 수 있다. 예를 들어, 매일 밤 15분 일찍 잠자리에 드는 것부터 시작해 산책 같은 가벼운 신체 활동을 하면 에너지와 기분이 증진된다.

나쁜 습관을 깨뜨리는 방법

이제 나쁜 습관을 낡고 오래된 기술이라 생각하고 업그레이드할 때다. 오래된 휴대폰을 더 새롭고 효율적인 모델로 바꾸듯, 나쁜 습관을 더 나은 습관으로 바꾸자. 목적 없이 이런저런 SNS 앱들을 번갈아 켜서 확인하는 습관이 있다면 뜨개질이나 그림 그리기, 글쓰기, 악기 연주 같은 새로운 취미로 바꿔보길 추천한다.

하지만 이런 시도도 모두 실패로 돌아갔다면, 그때는 색다른 방식을 활용해 보는 것이 어떨까? 나쁜 습관의 고리를 끊을 뿐 아니라 일상에 새롭고 흥미로운 요소를 더해줄 창의적인 몇 가지 방식을 제안하겠다.

습관 탐정: 진짜 범인을 찾아라

먼저 나만의 '탐정 수첩'을 준비한다. 첫 페이지에는 자신의 나쁜 습관들을 솔직하게 적는다. '과도한 간식 폭풍', '밤늦게까지 스마트폰 보기', '운동은 내일부터' 같은 것들이다.

그 다음에는 수첩의 각 페이지를 일주일간의 습관을 기록할 관찰 일지로 꾸민다. 하루를 아침, 오후, 저녁으로 나누고, 각 시간대에 어떤 나쁜 습관이 튀어나왔는지, 그때 어떤 기분이었는지, 그리고 그 습관이 어떤 결과로 이어졌는지 적을 수 있게 지면을 구성한다. 이렇게 하면 나쁜 습관이 언제, 어디서, 왜 나타나는지 파악할 수 있다.

이제 1~2주 동안 열심히 수첩을 채워나간다. 나쁜 습관이 고개를 들 때마다 꼼꼼히 기록한다. "오후 3시, 상사한테 깨졌더니 초콜릿 과자가 절로 손에 잡히네"처럼 구체적으로 적는 것이다. 행동뿐만 아니라 그때의 기분, 상황, 그리고 그 행동으로 얻은 위안 같은 것도 함께 적으면 더 좋다.

시간이 지남에 따라 수첩이 소중한 단서들로 가득 차면, 이제 탐정의 눈으로 이 단서들을 분석할 차례다. 반복되는 패턴을 찾아본다. 예를 들어 "직장에서 스트레스받은 날이면 꼭 저녁에 과자를 폭풍 흡입하는구나!"라는 걸 발견할 수 있을 것이다.

이렇게 모은 증거들로 나쁜 습관의 진짜 범인을 찾아낼 수 있다. 과자 폭풍의 진짜 범인이 직장 스트레스였다면, 이제 그 스트레스와 한판 승부를 벌여야 한다.

범인을 잡았다면 어떻게 대처할지 작전을 세운다. 스트레스 때문에 과자를 흡입한다면, 스트레스를 다스릴 새로운 방법을 찾아보는 것이다. 잠깐 명상을 하거나, 좋아하는 음악을 듣는 것처럼 말이다. 이런 새로운 작전들을 수첩에 적고 실천해 본다.

그리고 새 작전이 효과가 있는지 계속 지켜본다. 정말로 나쁜 습관이 줄어들고 있는지, 아니면 작전을 수정해야 할지 꾸준히 체크한다. 일회성이 아니라 지속적으로 점검하다 보면 나쁜 습관을 긍정적인 습관으로 바꿀 수 있을 것이다.

습관 가꾸기 게임: 마음속 정원 디자인하기

마음을 '습관이 자라는 정원'이라고 생각해 보자. 그리고 이 정원을 가꾸는 게임이 있다고 상상하자. 이는 실제 게임이 아니라 습관 개선을 위한 시각화 훈련의 일종이다. 이 상상 속 정원에서 좋은 습관은 아름다운 꽃이나 열매 맺는 나무로, 나쁜 습관은 잡초로 표현된다.

여러분이 상상 속에서 진행할 게임은 다음과 같다.

- **정원 살펴보기** 먼저 정원을 둘러보며 어떤 습관이 잡초이고 어떤 것이 꽃인지 식별한다.
- **잡초 제거하기** 발견한 나쁜 습관(잡초)을 뽑아낸다. 예를 들어, '미루는 습관'이라는 잡초를 발견했다면 제거한다.
- **새 꽃 심기** 잡초를 뽑은 자리에 좋은 습관의 꽃을 심는다. '미루는 습관' 자리에 '지금 당장 시작!' 또는 '제때 완료'라는 꽃을 심는 식이다.
- **정원 가꾸기** 매일 정원을 돌보며 물을 주고 가꾼다. 이는 실제 생활에서 좋은 습관을 실천하는 것을 의미한다.
- **성장 관찰하기** 시간이 지나면서 좋은 습관의 꽃이 자라고 열매를 맺는 것을 지켜본다.

이 방법은 나쁜 습관을 제거하고 좋은 습관으로 대체하는 과정을 게임처럼 재미있게 만든다. 또한 단순한 상상에 그치지 않고 실제 습관 개선으로 이어질 수 있다. 내면의 변화를 정원의 풍경으로 시각화하여 틈날 때마다 마음속으로 그려 보도록 하자.

습관 퀘스트 박스

일단 상자 하나를 골라 '습관 퀘스트 박스'로 명명한다. 이어서 여러 장의 카드 혹은 쪽지를 준비하고, 각각에 긍정적인 습관을 적는다. '2분간 깊게 심호흡하기', '10분 독서', '물 한 잔 마시기', '5분간 스트레칭하기', '일기 쓰기' 등 간단하지만 의미 있는 활동들이 적합하다. 그리고 카드를 습관 퀘스트 박스에 넣는다. 이 상자는 이제 당신의 새로운 도전 과제를 담은 보물 상자가 될 것이다.

이후 나쁜 습관의 유혹이 느껴질 때마다 습관 퀘스트 박스에서 카드를 한 장씩 꺼내어 확인하고, 그 즉시 카드에 적힌 좋은 습관을 실천하면 된다. (가족이나 친구에게 부탁해서 자신의 나쁜 습관이 나올 때마다 습관 퀘스트 박스를 가져다 달라고 이야기해 두는 것도 방법이다.)

만약 카드의 내용을 잘 실천했다면 보상을 주도록 하자. 한 퀘스트마다 완료 시 10점을 부여하고, 점수가 모이면 스스로에게 상을 주는 것이다. 점수가 쌓이고 나쁜 습관이 어느 정도 사라지면, 새로운 도전을 포함시키거나 더 큰 상자로 바꾸는 등 습관 퀘스트 박스를 업그레이드하는 것도 좋다.

지치지 않아야
진짜 갓생이다

'회복탄력성Resilience'은 빠르게 변화하는 세상에서 분초를 아끼며 갓생을 살기 위한 핵심 역량 중 하나다. 열흘 동안 새벽에 일어나 아침 루틴을 실천하며 누구보다 열심히 살았지만, 이후 한 달을 누워서 꼼짝못 한다면 그걸 과연 '효율적'이라 할 수 있을까? 진정한 '갓생'을 사는 이들의 놀라운 점은 그러한 삶을 수년, 때로는 수십 년 동안 이어오고 있다는 것이다.

오늘날 디지털 사회는 분초 단위로 세상과 연결된다. 항상 '켜져 있는' 세상에서 끊임없이 쏟아지는 뉴스와 정보, 실시간으로 확인되는 타인의 의견과 반응, 쉴 새 없이 울리는 각종 앱 알림 속에서 지치지 않기란 쉽지 않다.

따라서 디지털 네이티브에게 중요한 과제 중 하나는 어떻게 하면 추진력을 잃지 않고 계속할 수 있느냐이다. 이를 위해서는 '회복탄력성'이라는 특별한 능력이 필요하다.

지지 않는 마음, 회복탄력성

회복탄력성이란 말 그대로 넘어져도 오뚝이처럼 다시 일어나는 능력이다. 인생에서 충격과 타박상을 겪더라도 굴하지 않고 다시 일어나 회복하는 정신적·신체적 힘을 말한다. 회복탄력성 하면 많은 이들이 엘리트 운동선수나 네이비씰 같은 특수부대를 떠올릴 것이다. 한계를 뛰어넘기 위해 육체적으로 혹독한 시련을 견디며, 정신적으로는 더 큰 시험을 받는 분야이기 때문이다. 그들도 스트레스나 어려움을 느끼지 않는 것은 아니다. 다만 어떤 역경에 부딪히더라도 빠르게 회복하고 계속해서 발전하며 성과를 낸다는 점에서 회복탄력성의 대표적인 사례로 꼽히는 것이다.

여기서 중요한 점은 회복탄력성이 소수의 엘리트만이 타고난 특성이 아니라는 것이다. 회복탄력성은 연습과 사고방식의 전환을 통해 배우고 개발할 수 있는 기술이다. 일례로, 미네소타 대학교 아동 발달 연구소의 앤 마스텐 교수는 회복탄력성을 "평범한 마법"이라고 표현하며, 모든 사람이 연습과 교육을 통해 개발할 수 있는 보편적인 능력임을 강조했다. 마스텐은 저서 《평범한 마법ordinary magic》에서 환경적 지원, 긍정적 관계, 그리고 유연한 사고방식이 회복탄력성을 강화하는 중요한 요소임을 밝혔다.

회복탄력성을 인생의 '평범한 마법'으로 만들기 위해서는 우선 사고방식의 전환이 필요하다. 즉, 지금 겪는 어려움을 장애물이 아니라 성장과 자기계발의 디딤돌로 인식하는 것이다. 이런 성장 마인드를 가진 사람은 역경에 직면했을 때 더 생산적으로 대처하는데, 예를 들어 일자리를 거절당하거나 직업적 좌절을 겪었을 때 이를 나중에 업무에 도움이 되는 유용한 경험으로 해석하는 경향이 있다고 한다.

회복탄력성에는 감성지능도 필요하다. 감성지능은 자신의 감정을 깨닫고 인식하고 다스리는 능력과 타인에 대한 이해력까지 아우른다. 원활한 의사소통, 스트레스에 잘 대처하고 타인과 공감하며 서로 지지해주는 관계를 맺는 것 등, 모두 회복탄력성의 핵심 요소라 할 수 있다.

한편, 신체적 건강도 회복탄력성을 기르는 데 큰 영향을 미친다. 회복탄력성의 신체적 토대는 운동, 수면, 영양이다. 몸 상태가 좋아야 마음의 어려움을 극복할 수 있다. 로마시대부터 전해져 왔다는 '건강한 육체에 건전한 정신이 깃든다'는 경구에는 깊은 지혜가 담겨 있는 것이다.

단 한 명의 내 편만 있어도, 인간은 꺾이지 않는다

회복탄력성을 이야기할 때 자주 언급되는 작품 중 하나가 조제 마우루 지 바스콘셀로스의 소설 《나의 라임오렌지 나무Meu Pé de Laranja Lima》다. 이 작품은 주인공 제제가 어려운 가정환경 속에서 어떻게 심리적 회복탄력성을 키우며 성장하는지를 생생하게 보여준다. 제제는 열악한 환경 속에서도 상상 속 친구인 라임오렌지 나무와의 교감을 통해 마음의 안정을 찾고, 자신을 이해해 주는 포르투가를 만나면서 심리적 지지를 얻는다. 이들과의 관계는 제제가 어려운 상황 속에서도 희망을 잃지 않고 성장할 수 있는 원동력이 된다.

우리 삶에서도 마찬가지다. 단 한 명의 내 편만 있어도 우리는 꺾이지 않을 수 있다. 신뢰할 수 있는 사람을 찾고, 감정을 솔직히 표현하며, 긍정적인 상호작용을 통해 유대감을 쌓는 것이 중요하다. 제제와 포르투가의 관계처럼 한결같은 지지와 공통의 관심사를 바탕으로 한 관계는 회복탄력성을 높여준다.

만약 그런 인간관계가 없다면, 스스로를 위해 믿을 만한 지원 체계를 만들어보자. 이런 네트워크는 멘토, 동료, 가족, 전문가 등으로 구성될 수 있다. 다양한 지원 네트워크는 문제를 바라보는 여러 시각을 제공하고, 힘들 때 마음의 위안을 주며, 삶에 새로운 전망을 열어준다.

성인이 되었다는 건 스스로 인간관계를 어느 정도 조절할 수 있는 나이가 되었다는 뜻이다. 소설 속 어린 제제와는 다르게, 우리에게는 또 다른 라임오렌지 나무와 포르투가를 적극적으로 찾아 자신을 지킬 수 있는 능력이 있음을 기억하자.

회복탄력성을 기르는 건 스트레스나 좌절 같은 부정적인 감정을 없애는 과정이 아니다. 대신 이런 경험을 이해할 수 있는 틀을 만드는 것이다. 필요하다면 전문 상담가를 찾거나, 믿을 수 있는 이들과 속 깊은 대화를 나누거나, 일기를 쓰는 등의 방법을 활용할 수 있다.

이를 통해 궁극적으로 추구해야 할 것은 실패를 배움의 중요한 요소로 재해석하는 능력이다. 실패를 잘 다룰 수 있을 때, 그 경험에서 성장과 배움을 얻을 수 있기 때문이다.

편견과 역경을 딛고 일어나기

살다 보면 인생의 새로운 사건이나 환경 변화와 함께 경력 계획이나 열망하던 목표 등이 바뀔 수 있다. 그런데 이런 변화가 항상 긍정적인 것만은 아니다. 실망스럽거나 실패감을 느끼더라도 자신의 목표와 효율성을 유지할 수 있어야 한다. 이때 필요한 것이 바로 성장 마인드셋이다.

스탠퍼드 대학교 심리학 교수인 캐럴 드웩 박사의 연구에 따르면, 성장 마인드셋은 실패를 단순한 좌절이 아닌 배움의 기회로 여길 수 있는 사고방식이다. 이는 개인이 도전과 역경에 맞닥뜨렸을 때, 더 큰 회복탄력성을 발휘할 수 있도록 돕는다. 성장 마인드를 가진 사람들은 실패를 자신의 한계로 받아들이지 않고, 오히려 발전의 기회로 삼는다. 이 과정에서 얻어지는 자신감과 회복탄력성은 지속적으로 도전하고 앞으로 나아갈 수 있는 원동력이 된다.

성장 마인드셋을 키우기 위해 다음의 3가지, 즉 도전, 피드백, 과정에 대한 질문과 답을 기억하자.

도전하는 사람이란? 안전지대에서 벗어나 자신에게 도전하는 사람.

건설적인 피드백이란? 비판이나 인신공격이 아닌 학습을 위한 가장 강력한 도구.

과정의 의미는? 결과와는 별개로, 그 자체의 과업을 인정하고 축하해야 하는 것.

앞으로 우리는 빠르게 변화하는 환경 속에서 더 많은 도전과 스트레스를 경험할 가능성이 크다. 끊임없는 정보의 홍수 속에서 자신을 잃지 않고 새로운 기술과 지식에 적응하려면, 실패와 좌절을 반복해서 겪는 상황에서도 다시 일어설 수 있는 능력을 갖춰야 한다.

나만의
치트 키로
시간을 해킹하라

도파민으로
생산성을 올린다

인생의 그랑프리 출발선에 선 포뮬러 1 자동차를 상상해 보자. 당신의 엔진은 무엇일까? 바로 신경 공학의 걸작, 두뇌다. 연료는? 당신을 앞으로 나아가게 하는 마음속 동기다. 여기서 중요한 질문 하나. 당신은 지금 전속력으로 달리고 있는가, 아니면 1단 기어에 멈춰 인생의 기회를 놓치고 있는가?

우리는 지금 알람이 쉴 새 없이 울리고, 이메일이 쏟아지며, SNS 피드가 끝없이 이어지는 혼란스러운 디지털 세상을 살고 있다. 이런 혼돈속에서 생산성은 더 이상 '있으면 좋은 것'이 아니라 생존을 위한 필수 도구다. 여러분도 바로 이 점을 알기에 지금 이 책을 읽고 있을 것이다.

그래도 책을 200페이지 넘게 읽어내기란 쉽지 않은 일이다. 여기까지 왔다면, 당신은 이제 효율성을 탐험하는 용감한 '분초형 인간'으로서 잠재력을 최대한 발휘할 준비가 되었다고 봐도 좋다. 이제 두뇌를 활짝 열고 동기 부여의 연료를 가득 채워, 삶을 최적화하여 최고의 생산성을 끌어낼 방법을 찾아보자.

지금까지 우리는 시간의 밀도를 높이고 삶에 대한 통제력을 강화함으로써 효율을 극대화하는 방법을 살펴봤다. 이번 장에서는 한 걸음 더 나아가 시간의 한계를 뛰어넘는 아주 흥미롭고 재미있는 방법을 소개하려 한다.

도파민의 힘: 뇌의 경주 트랙

도파민에 대해 이야기해 보자. 도파민은 단순한 신경전달물질이 아니다. 우리의 신경망을 활성화시키는 중요한 물질이다. 자동차 경주에서 엔진의 출력을 높이는 아산화질소처럼, 도파민은 우리 뇌를 더 빠르고 효율적으로 작동하게 만든다. 도파민은 목표 달성 자체보다 그 과정에서 느끼는 흥분과 기대를 주관하는 물질이다.

일례로, 미로에서 치즈 냄새를 맡은 쥐의 두뇌는 폭죽처럼 활발하게 반응한다. 이것이 바로 도파민의 작용이다. 치즈 그 자체가 아닌, 치즈에 대한 기대감이 불꽃을 일으키는 것이다.

우리도 마찬가지다. 5분마다 알림을 확인하고 싶은 충동이 드는 건 뇌가 디지털 알림을 치즈 냄새처럼 받아들이기 때문이다.

그런데 만약, 이 도파민의 작용을 '내가 좋아하는 일'로 바꿀 수 있다면 어떨까? 매일 밤 스마트폰을 보느라 시간 가는 줄 모르는 것처럼 나의 목표, 진행 중인 프로젝트, 중요한 공부에 빠져 시간 가는 줄 모르게 된다면?

이처럼 도파민을 더 생산적인 방향으로 유도할 수 있다. 목표를 달성하고 할 일 목록에서 해당 항목을 지우는 순간, 마치 SNS에서 '좋아요'를 받는 것처럼 가슴이 뛰게 하면 된다. 이런 전환을 통해 생산성을 높이는 수준을 훌쩍 넘어, 생산성에 로켓 연료를 장착할 수 있다.

내적 동기와 외적 동기: 당근과 채찍

앞서 제2장에서 내적 동기에 관해 설명했다. 어떤 일 자체에 흥미와 재미를 느껴 스스로 하고 싶어 하는 것이 바로 내적 동기다. 내적 동기를 가진 직장인에게 회사는 재미있는 곳이다. 또한 어쩔 수 없이 돈을 냈으니 헬스장에 억지로 가는 사람과 달리, 러너스 하이를 기대하며 새벽 5시에 신나게 일어나는 사람은 내적 동기로 가득 찬 상태다.

그렇다면 외적 동기란 무엇일까? 내적 동기에 비해 자기결정 수준이 낮은 외적 동기는 죄책감이나 처벌을 피하려는 생각, 혹은 보상을 얻으려는 목적에서 생긴다.

다시 말해, 성과금, 마감일, 인사평가 등과 같은 당근과 채찍이 바로 외적 동기다. 이는 일종의 에너지 음료에 비유할 수 있다. 잠시 동안 힘을 주지만, 너무 많이 의존하면 금세 지치게 된다.

그렇다면 우리는 어떤 종류의 동기를 찾아야 할까? 당연히 당근을 쫓거나 채찍을 피하기 위해서가 아니라, 일 그 자체를 즐거운 여정으로 만드는 동기를 찾아야 한다. 일을 놀이로 바꿀 '치트 키'를 찾아야 하는 것이다. 그 치트 키란 바로 '열정'이다.

사람은 열정을 느끼는 활동에 깊이 몰입할 때 시간 가는 줄 모르고 높은 생산성을 발휘하게 된다. 따라서 자신의 내적 열정을 발견하고 이를 업무와 연결시킬 때, 업무는 단순한 과업을 넘어 하나의 즐거운 놀이로 변모한다. 이를 통해 지속적인 동기 부여와 성과 향상이 이루어질 수 있다.

몰입, 시간이 날아가고 생산성이 치솟는 지점

그런 치트 키를 찾으면 어떤 일이 일어날까? 바로 말로만 듣던 '몰입'에 빠져들 수 있다. 몰입의 순간, 우리는 시간이 사라지는 마법 같은 상태에 들어선다. 몇 시간이 몇 분처럼 느껴지는 것이다.

완벽한 파도를 타는 서퍼를 상상해 보자. 그들은 할 일 목록이나 저녁 식사 따위는 생각하지 않는다. 오직 물과 하나가 되어 그 순간에 완전히 빠져있을 뿐이다. 이것이 바로 몰입 상태다.

여기서 말하는 몰입은 '플로우Flow'라고도 하는 개념으로, 심리학자 미하이 칙센트미하이의 정의에 기반한다. 칙센트미하이는 인간이 어떤 활동에 완전히 빠져들어 시간 감각을 잃고, 자신이 하는 일에 완전히 몰두하게 되는 상태를 설명하기 위해 '플로우'라는 용어를 사용했다. 이 상태에서는 활동 자체가 즐거워지고, 높은 성취감과 만족감을 느끼게 된다.

플로우는 우리말로 '흐른다'는 뜻이다. 사람들이 몰입 상태에 있을 때, 그들의 행동과 생각이 마치 물 흐르듯 자연스럽게 이어지는 것과 관련이 있다. 플로우 단계는 높은 집중력과 완전한 몰두를 의미하며, 활동에 대한 도전과 자신의 능력이 적절하게 균형을 이루는 상태에서 주로 발생한다.

혹자는 이렇게 말할지도 모른다. "조용히 책상 앞에서 집중할 수 있었던 옛날과 달리, 요즘에는 방해받지 않고 몰입할 수 있는 여건이 안 돼요!" 시끄럽고 혼란스러운 디지털 세상에서 몰입 상태에 도달하라니, 마치 록 콘서트 중에 명상하라는 말처럼 들릴지도 모른다. 그러나 걱정하지 말자! 최소한 몰입에 비견할 '전념Commitment' 상태가 되기 위한 여러 가지 방법과 도구들이 이미 존재한다. (참고로, 전념은 몰입에 비해 보다 장기적이고 지속적인 상태로, 더 많은 책임감과 의도, 노력이 수반된다.)

이어지는 글에서는 이러한 영역에 대해 더 깊이 탐구하고, 일상에서 아이디어를 실천할 수 있는 전략을 제공할 것이다. 이제부터 분초형 인간의 최고 단계인 생산성의 그랜드마스터, 효율성 최적화의 챔피언으로 진화하기 위한 탐구를 시작해 보자.

생산적 강박으로의
초대

우리 모두는 때때로 강박적인 행동을 경험한다. 사전적 정의에 따르면, 강박은 특정한 생각이나 행동이 반복적으로 떠올라 이를 억제할 수 없는 상태이다. 즉, 불안이나 긴장에서 벗어나기 위해 반복적으로 어떤 행동을 하게 되는 것으로, 끊임없이 밀려오는 생각의 물결에 휩쓸려 특정한 행위라는 결과에 이르게 되는 것이다.

그러나 강박에 부정적인 측면만 있는 것은 아니다. 이러한 강박적 성향을 올바르게 이해하고 잘 활용한다면, 강력한 내적 동기의 원천이 될 수 있다. 이를 '생산적 강박'이라고 부른다.

이제부터는 생산적 강박의 본질과 그 활용 방안을 깊이 있게 탐구하여, 이를 통해 우리의 삶과 일에서 더 큰 성취와 만족을 이끌어 내는 방법을 모색해 보겠다.

생산적 강박이란 무엇인가?

'생산적 강박Productive Obsessions'은 단순히 작업에 몰두하는 상태를 넘어선, 깊은 내적 욕구에서 비롯된 강력한 집중 상태를 의미한다. '특정 과제나 활동에 대한 깊은 몰입을 통해 의미 있는 결과를 창출하고자 하는 강한 내적 충동'이라고 할 수 있다. 이 충동은 단순한 집착이 아니라, 목표 지향적이며 지속적인 특성을 지닌다. 다시 말해, 생산적 강박은 어떤 일을 완수하기 위해 본능적으로 쏟아붓는 에너지와 집중력의 결합체이다.

심리치료사이자 창조성 코치인 에릭 메이슬의 정의에 따르면, 생산적 강박은 개인이 중요한 목표를 향해 지속적으로 몰입하고, 이를 통해 창의성과 성취를 극대화하는 강렬한 내적 충동을 의미한다. 이는 단순한 불안에서 비롯된 강박과 달리, 개인의 잠재력을 실현하고 의미 있는 결과를 창출하는 데 기여할 수 있다.

이 개념은 앞서 설명한 미하이 칙센트미하이의 플로우 개념과 깊이 연관되어 있다. 칙센트미하이의 연구에 따르면, 플로우 상태에 진입한 사람들은 높은 집중력과 함께 큰 즐거움을 경험하게 되며, 시간의 흐름마저 잊을 정도로 활동에 몰입하게 된다. 이는 생산적 강박이 일종의 심리적 최적화 상태를 이끌어 내며, 이를 통해 효율성과 창의성이 극대화된다는 점을 시사한다. 실제로 텍사스 주립대학 칼튼 퐁 등의 메타 분석 연구에서도 몰입 경험이 작업 성과와 창의성 향상에 긍정적인 영향을 미친다는 사실이 확인되었다.

건강한 집착의 미학

몬트리올 퀘벡 대학교의 심리학 교수인 로버트 발레랜드의 '조화로운 열정Harmonious Passion' 개념도 생산적 강박의 본질을 이해하는 데 중요한 단서를 제공한다. 그가 말하는 조화로운 열정이란 '개인이 자발적으로 선택한 활동에 대한 강한 열정'으로, 개인의 가치와 목표에 부합하는 활동에 대한 긍정적인 애착이라고 표현할 수 있다. 이 열정은 개인의 정체성과 조화를 이루며, 그로 인해 활동에 몰두하는 것이 개인에게 긍정적인 영향을 미친다.

예를 들어, 어떤 사람이 예술가로서 작품을 창작하는 것에 조화로운 열정을 느끼는 이유는, 이 열정이 그 사람의 정체성과 깊이 연결되어 있기 때문이다. 그래서 작품을 만드는 과정에서 큰 만족감과 성취감을 느끼는 것이다. 이는 단순한 작업을 넘어, 개인의 삶의 질을 향상시키는 원동력으로 발전한다.

발레랜드와 그의 동료들은 조화로운 열정이 높은 사람들이 자신의 일에 더 큰 만족감을 느끼며, 동시에 더 나은 성과를 낸다는 점을 밝혀냈다. 생산적 강박이 단순히 목표 달성을 위한 도구가 아니라, 삶의 만족도를 높이는 중요한 요소임을 짐작할 수 있다.

한편, 에릭 메이슬은 생산적 강박의 실용적 측면을 강조했다. 그는 저서 《뇌내폭풍Brainstorm》에서 강박적 사고를 창의적이고 생산적인 방향으로 전환하는 방법은 물론, 강박이 어떻게 자기 주도적 프로젝트에 헌신하는 능력을 키우는 데 중요한 역할을 하는지 설명했다.

메이슬은 생산적 강박이란 단순히 어떤 일에 몰두하는 것이 아니라, 그 일에 대한 깊은 열정과 의지가 결합된 형태라고 주장한다. 그는 이를 통해 사람들이 자신의 창의성을 극대화하고, 더 나은 결과를 창출할 수 있다고 보았다.

메이슬의 연구는 우리가 강박적인 생각이나 행동을 어떻게 긍정적이고 생산적인 방향으로 전환할 수 있는지를 보여준다. 그는 이러한 강박이 단순한 열정에서 그치는 것이 아니라, 구체적인 목표를 이루기 위해 지속 가능한 에너지로 변화될 수 있다고 강조한다. 즉, 강박적인 에너지를 목표 지향적인 동력으로 전환함으로써 더 큰 성과와 창의성을 발휘할 수 있다는 것이다.

생산적 강박과 동기 부여의 새로운 패러다임

생산적 강박은 기존의 동기 부여 이론을 재해석하는 새로운 패러다임을 제시한다. 전통적인 동기 부여 이론에서는 주로 외적 보상보상, 처벌

등과 내적 만족성취감, 자기 효능감 등 간의 상호작용에 초점을 맞춰 왔다. 그러나 생산적 강박은 이 2가지 요소를 결합한 새로운 형태의 동기를 제시한다.

생산적 강박에서 동기는 내적 만족에서 비롯되지만, 그 과정은 강박적인 몰입을 통해 외적 보상으로 이어진다. 이는 단순한 내적 동기를 넘어, 개인의 정체성과 목표를 강화하고 이를 통해 더 나은 결과를 창출하는 데 중요한 역할을 한다. 생산적 강박은 일종의 내적 열정과 외적 성취의 결합으로 볼 수 있으며, 이를 통해 우리는 더 높은 수준의 성취를 경험할 수 있다.

생산적 강박과
궁즉통의 기술

궁즉통窮則通, 즉 '궁하면 통한다'는 말은, 한계에 몰리면 새로운 길이 열리고 능력을 발휘할 수 있다는 뜻이다. 일상생활에서도 마감일이 다가오면 마치 레이저 광선이 한 점에 집중되듯 갑자기 집중력을 발휘해 전광석화처럼 일을 처리하는 경험을 누구나 해 봤을 것이다. 똑딱거리는 시계 소리가 우리의 감각을 예민하게 만들고, 결단력을 북돋우며, 미뤄왔던 일을 완수할 수 있는 동력을 제공한다. 이 과정에서 무언가 특별한 '힘'이 작용하는 듯하다.

이러한 현상은 제2장에서 다루었던 시간상자 기법과도 깊은 관련이 있다. 마치 시한폭탄이 담긴 상자에서 탈출하듯, 미리 정해진 시간 동안만 일하고 그 시간이 지나면 즉시 멈추는 기법이다. 만약 이 시간상자 기법의 특징과 도파민의 힘을 결합해 그 효과를 극대화할 수 있다면 어떨까? 마감 기한이나 보상과 같은 외적 동기를 생산성을 높이는 내적 동기로 전환할 수 있다면, 끊임없이 스스로를 발전시키는 동력을 얻을 수 있을 것이다.

우리를 움직이게 하는 대부분이 외적 동기다

앞서도 설명했듯, 외적 동기는 마감일, 보상, 칭찬 또는 부정적인 결과 회피와 같은 외부 요인에 의해 발생된다. 판매 목표를 달성하면 받게 될 보너스를 떠올릴 때 느끼는 기대감이나, 마감을 지켜 상사의 질책을 피했을 때 느끼는 안도감이 바로 외적 동기의 전형적인 예다.

반면에 내적 동기는 말 그대로 내면에서 비롯되는 것이다. 외부의 보상 없이도 진심으로 즐기거나 관심 있는 일을 할 때 느끼는 열정, 호기심, 또는 만족감을 들 수 있다. 예술가들이 밤늦도록 붓을 놓지 못하거나, 작가들이 순수하게 이야기 만들기의 매력에 빠져 글을 쓰는 것도 바로 이러한 유형의 동기 때문이다.

사실 일상생활, 특히 업무나 공부 등에서 내적 동기가 작용하는 경우는 그리 많지 않다. 대개는 외적 동기로 인해 매일 직장이나 학교, 학원에 가고 주어진 일을 수행한다. 양심에 손을 얹고 말해 보자. 외적 동기가 있기에 그나마 생산적인 활동을 하는 사람이 대부분일 것이다. 내면에서 솟아오르는 내적 동기를 가진 사람이 그만큼 드물다는 뜻이다. 그렇다면 일상생활에서 생산성을 높이고, 내면의 치트 키를 발동시키기 위해서는 외적 동기를 더 지속 가능하고 강력한 것, 즉 내적 동기로 바꿔야 하지 않을까?

해답은 뇌의 보상 시스템을 활성화하는 방법을 이해하고, 이를 활용하여 생산적 충동에 불을 붙이는 데 있다.

동기 부여와 도파민

외적 동기를 내적 동기로 전환하려면 먼저 우리 뇌에서 도파민의 역할을 이해해야 한다. 흔히 '기분 좋은' 신경전달물질이라고 불리는 도파민은 뇌의 보상 시스템에서 중요한 역할을 담당한다.

하지만 일반적으로 알려진 것과는 달리, 도파민은 단순한 쾌락의 물질이 아니다. 오히려 기대감, 그러니까 무언가를 이루고자 하는 열망에 더 가깝다고 볼 수 있다. 도파민은 우리가 목표를 달성했을 때 느끼는 그 짜릿한 흥분으로, 계속해서 앞으로 나아가게 만드는 원동력이 되어준다.

특히 주목할 만한 점은 마감 기한이 코앞으로 다가오거나 외적 동기에 따라 작업을 마무리 지을 때 우리 뇌에서 도파민이 분비된다는 사실이다. 이렇게 분비된 도파민은 우리의 기분을 한껏 고조시켜 해당 행동을 강화하고, 나중에 또 비슷한 행동을 반복할 가능성을 높인다.

그러나 이러한 효과는 대체로 오래가지 않는다. 그래서 지속적인 생산성을 유지하기 위해 계속해서 외부 자극에 의존하는 악순환에 빠질 수 있다.

외적 동기를 내적 동기로

지속 가능한 생산성의 핵심은 이러한 단기간의 외적 자극을 오래 지속되는 내적 동력으로 전환하는 데 있다. 이제 실제로 외적 동기를 내적 동기로 전환하는 방법에 대해 알아보자.

STEP 1 의미 부여하기

외부에서 주어진 과제나 목표에 개인적인 의미를 부여하는 것부터 시작한다. 예를 들어, 작업을 시작하기 전 5분 동안 이 과제가 자신의 장기적 목표나 가치관과 어떻게 연결되는지 곰곰이 생각해 보는 것이다. 이렇게 하면 단순한 '해야 할 일'이 '하고 싶은 일'로 바뀌는 경험을 할 수 있다.

STEP 2 자율성 높이기

외부에서 주어진 과제라 해도, 그 안에서 자신만의 방식을 찾아 자율성을 높이는 것이 중요하다. 예를 들어, 과제 수행 방식, 순서, 도구 선택 등에서 자유를 허용하면 더 큰 주인의식을 가질 수 있다.

STEP 3 숙련도 향상에 초점 맞추기

과제 수행을 단순히 '해치워야 하는 일'이 아니라 자신의 능력을 향상시키는 기회로 바라보도록 한다. 예를 들어, 각 작업에서 배울 수 있는 새로운 스킬이나 지식을 명확히 정의해 보자. 이렇게 하면 지루한 일도 자기 발전의 기회로 탈바꿈할 수 있다.

STEP 4 즉각적 피드백 루프 만들기

큰 작업을 작은 단위로 나누고, 각 단계를 완료할 때마다 자체 평가를 실시한다. 이렇게 하면 빠른 피드백을 통해 성취감도 얻고 개선할 점도 바로 찾을 수 있다. 게임에서 레벨업을 하듯, 작은 성취들이 모여 큰 동기 부여로 이어지는 것이다.

STEP 5 개인적 도전으로 재구성하기

외부에서 주어진 요구사항들을 개인적 도전으로 재해석한다. 어려운 부분을 찾아내고, 이를 극복하는 과정을 개인적 성장의 기회로 여기면 보다 흥미롭고 재미있게 접근할 수 있다. 이어서 이와 관련된 자세한 방법들을 소개하겠다.

시간상자와 생산적 강박의 시너지를 얻는 법

외부에서 주어진 과제는 어쩔 수 없이 해야 하는 일인 경우가 많다. 아무리 성실한 사람이라도 생산성이 떨어질 수밖에 없는 이유다. 그런데 만약 이렇게 주어진 과제를 개인적 도전으로 재해석할 수 있다면 어떨까? 그 자체로 생산성을 높이는 능력이라 할 것이다.

쉽지 않은 상황을 일종의 미션으로, 이를 극복해 내가는 것을 레벨업의 관문으로 여기면, 일의 의미가 완전히 달라진다. 다음의 방법들을 이용하여 주어진 과제를 '미니 게임'이라고 상상해 보자.

강박적 몰입형 시간상자

일반적인 시간상자보다 조금 더 긴 시간예시) 60~90분을 설정하고, 그 시간 동안 한 가지 주제나 프로젝트에 완전히 몰입한다.

가장 열정적인 프로젝트나 작업을 선택한다 가장 관심이 가고 열정이 느껴지는 일을 고르는 것이 중요하다.

→ 모든 방해요소를 제거하고, 필요한 모든 자료를 준비한다 휴대폰은 무음 모드로 바꾸고, 필요 없는 브라우저 탭은 모두 닫는다. 작업에 필요한 모든 도구와 자료를 미리 준비해 둔다.

> **→ 타이머를 설정하고, 시간상자가 끝날 때까지 어떤 이유로도 작업을 중단하지 않는다** 이 부분이 가장 중요하다. 설정한 시간 동안은 화장실을 가거나 물을 마시는 것조차 가능한 한 미룬 채, 오직 작업에만 집중한다.

효과 이 방식의 장점은 깊은 몰입 상태, 즉 플로우에 진입할 가능성이 높아진다는 것이다. 또한, 생산적 강박의 에너지를 집중적으로 활용할 수 있다.

마일스톤 기반형 시간상자

프로젝트를 성공적으로 완수하기 위해서는 체계적인 접근이 필요하다. 이를 위한 효과적인 방법 중 하나가 바로 마일스톤^{프로젝트 진행 과정상의 체크포인트}과 시간상자를 활용하는 것이다. 이렇게 하면 큰 그림을 보면서도 세부적인 진행 상황을 놓치지 않을 수 있다.

> **프로젝트의 주요 마일스톤을 나열한다** 주요 단계나 중요한 성과물을 시간 순서대로 나열하여 프로젝트의 큰 그림을 그린다.
>
> **→ 각 마일스톤에 도달하기 위해 필요한 작업을 세분화한다** 이 단계에서는 최대한 상세하게 작업을 쪼개는 것이 중요하다.

→ 세분화된 작업들을 연속된 시간상자로 구성한다 이제 각 작업에 시간을 할당한다. 예를 들어, 30분, 1시간, 2시간 등의 시간상자를 만들어 작업을 배분한다.

→ 각 시간상자를 완료할 때마다 작은 보상을 준다 좋아하는 음악 한 곡 듣기, 5분간 스트레칭하기 등 자신에게 작은 선물을 주면 동기부여에 도움이 된다.

→ 마일스톤 달성 시 더 큰 보상을 설정한다 주요 마일스톤을 달성했을 때는 더 큰 보상을 준비한다. 맛있는 식사, 영화 관람, 하루 휴식 등 자신에게 의미 있는 보상을 미리 정해두는 것이다.

효과 거대한 프로젝트도 작은 조각들로 나누어 접근하면 훨씬 덜 부담스럽게 느껴진다. 또한, 정기적으로 진행 상황을 점검하고 조정할 수 있어 프로젝트의 전반적인 관리가 수월해진다.

경쟁자가 있는 시간상자

가상의 경쟁자를 설정하여 시간상자 내에서 더 많은 성과를 내도록 스스로를 자극할 수 있다.

특정 작업에 대한 '내 경쟁자의 최고 기록'을 설정한다 자신의 현재 수준을 감안하여 임의의 '최고 기록'을 설정하고, 이를 경쟁자의 기록이라고 여긴다. 이때 최고 기록은 자신의 현재 수준보다 10~20% 높은 수준으로 설정하는 것이 좋다.

→ 시간상자를 설정하고 이 기록을 깨기 위해 노력한다 이제 정해진 시간 동안 가상 경쟁자의 최고 기록을 넘어서기 위해 도전한다.

→ 진행 상황을 실시간으로 추적하고 시각화한다 간단한 그래프나 차트를 활용해 진행 상황을 시각화하면 더욱 효과적이다.

→ 기록 경신 시 자신에게 즉각적인 보상을 준다 작은 간식이 될 수도 있고, 잠깐의 휴식 시간이 될 수도 있다. 중요한 것은 성취감을 즉각적으로 느낄 수 있게 하는 것이다.

효과 우리의 경쟁 본능을 자극함으로써, 지루할 수 있는 작업도 흥미진진한 도전으로 탈바꿈시키는 효과가 있다. 또한, 이 방법은 자기 효능감을 높이는 데도 도움이 된다. 자신의 능력이 점진적으로 향상되는 것을 직접 확인함으로써 자신감을 기를 수 있는 것이다.

테마 집중형 시간상자

하루 또는 일주일의 각 시간대에 특정 테마를 부여하고, 그 테마에 맞는 작업들을 시간상자 내에 집중적으로 처리한다.

주요 작업 영역을 테마로 정의한다 창의적 작업(글쓰기, 디자인 등), 분석적 작업(데이터 분석, 전략 수립 등), 커뮤니케이션(이메일 응답, 회의 등)처럼 일과를 테마에 따라 나눠본다.

→ **각 테마에 가장 적합한 시간대를 할당한다** 사신의 생체 리듬을 고려하여 각 테마에 가장 적합한 시간대를 배정한다.

→ **테마에 할당된 시간 동안에는 해당 테마와 관련된 작업들을 연속된 시간상자로 처리한다** 오직 그 테마와 관련된 작업만을 연속적으로 작업함으로써 작업 전환에 따른 집중력 손실을 최소화할 수 있다.

→ **테마 전환 시 명확한 경계를 두어 심리적 전환을 돕는다** 잠깐의 스트레칭이나 명상, 또는 간단한 티 타임을 가진다.

효과 공장의 생산 라인처럼 유사한 성격의 작업을 집중적으로 연속 처리함으로써 생산적 강박의 힘을 최대한 활용할 수 있다.

점진적 도전형 시간상자

시간이 지남에 따라 시간상자의 난이도나 작업량을 점진적으로 증가시킨다.

초기에는 쉽게 달성 가능한 목표로 시간상자를 설정한다

→ **완료할 때마다 목표를 조금씩 상향 조정한다**

→ **도전 수준과 능력 수준이 균형을 이루도록 지속적으로 조절한다**
너무 쉽거나 너무 어려운 목표는 동기 부여를 저하시킬 수 있다. 따라서 항상 적절한 도전 수준을 유지하는 것이 중요하다.

→ **각 단계의 성취를 명확히 인식하고 축하한다** 작은 진전이라도 그것을 인정하고 축하하는 것이 중요하다.

효과 지속적인 도전과 성취를 통해 생산적 강박을 건강하게 유지하면서 능력을 향상시킬 수 있다.

아이디어 발산형 시간상자

정해진 시간 동안 질보다는 양에 초점을 맞추어 아이디어를 폭발적으로 생산한다. 우리 내면의 검열관을 잠시 제쳐두고, 머릿속에 떠오르는 창의적인 생각들을 폭발적으로 분출하는 데 초점을 맞추는 것이다.

15-30분의 짧은 시간상자를 설정한다 짧은 시간을 정하는 이유는 집중력을 최대한 끌어올리는 동시에 부담감을 줄이기 위해서다.

→ **이 시간 동안 질에 대한 걱정 없이 최대한 많은 아이디어를 생성한다** 이 단계가 가장 중요하다. 정해진 시간 동안 아이디어의 질을 전혀 신경 쓰지 않고 오직 양에만 집중한다. 어떤 아이디어라도 떠오르는 대로 모두 기록한다. 이때 '이건 말도 안 돼', '과연 쓸모 있는 생각일까' 같은 내적 비판을 완전히 차단해야 한다. 목표는 가능한 한 많은 아이디어를 쏟아내는 것이다.

→ 시간상자가 끝나면 잠시 휴식을 취한 후, 생성된 내용을 검토하고 정제한다 잠시 머릿속을 환기시킨 후, 질적인 평가를 시작한다. 유망해 보이는 아이디어를 선별하고, 필요하다면 발전시킨다.

→ 필요하다면 이 과정을 반복한다 한 번의 세션으로 충분한 결과를 얻지 못했다면, 이 과정을 반복할 수 있다. 다만, 매번 새로운 관점이나 접근 방식을 시도해 보는 것이 좋다.

효과 우리는 종종 아이디어가 떠오르자마자 그것의 실현 가능성이나 가치를 판단하려는 경향이 있다. 하지만 이런 즉각적인 판단이 오히려 창의성을 저해할 수 있다. 아이디어 발산형 시간상자는 내적 검열을 피하고 창의적 에너지를 최대한 분출하는 데 도움이 된다.

마감 시뮬레이션형 시간상자

실제 마감일보다 훨씬 이른 가상의 마감일을 설정하고 그에 맞춰 시간상자를 구성한다.

프로젝트의 실제 마감일보다 1/3 정도 앞선 가상의 마감일을 정한다

→ 가상의 마감일을 기준으로 역산하여 세부적인 시간상자 일정을 세운다

→ 각 시간상자를 마치 실제 마감이 임박한 것처럼 긴박감 있게 실행한다

→ **가상 마감일 도달 시 결과물을 검토하고 보완한다** 이때 실제 마감까지 여유 시간이 있다는 것을 상기하며, 부족한 부분을 보완하고 전체적인 품질을 높이는 데 집중한다.

[효과] 이 방법의 가장 큰 장점은 실제 마감 압박에 따른 스트레스를 줄이면서도 생산적 강박의 긴박감을 활용할 수 있다는 점이다. 또한 작업의 완성도를 높이고, 예상치 못한 문제나 수정 사항이 발생했을 때 대응할 시간을 벌 수 있다.

이러한 전략들을 활용하면 시간상자의 구조적 이점과 생산적 강박의 심리적 추진력을 동시에 활용할 수 있다. 각 전략을 자신의 작업 스타일과 프로젝트 성격에 맞게 조정하고 실험해 보자. 중요한 것은 이 방법들이 스트레스나 번아웃이 아닌 지속 가능한 생산성 향상으로 이어지도록 하는 것이다.

누구에게나
자신만의 치트 키가 있다

'치트 키Cheat Key'란 게임에서 숨겨진 비밀 코드를 뜻한다. 이를 입력하면 게임을 더 쉽게 만들거나 특별한 능력을 얻을 수 있다. 우리 삶에도 이런 치트 키가 있다면 어떨까? '열정'이 바로 그러한 역할을 할 수 있다. 열정은 우리 삶의 생산성과 자기 발전, 자아 실현에 있어 가장 훌륭한 치팅코드로 작용한다.

미하이 칙센트미하이가 말했듯, 우리는 열정을 느끼는 활동에 깊이 몰입할 때 시간 가는 줄 모르고 높은 생산성을 발휘한다. 다시 말해, 내적 열정을 발견하고 이를 일과 연결시킬 때, 일은 단순한 과업을 넘어 하나의 즐거운 놀이로 변모하며 지속적인 동기 부여와 성과 향상이 이루어질 수 있다.

그러나 내재된 열정의 씨앗을 발견하기란 쉽지 않다. 아예 열정이란 것에 대해 생각해 본 적도 없는 사람이라면 더욱 그렇다. 이때 유용한 도구가 바로 브레인스토밍이다.

열정이라는 보물을 찾아 떠나는 모험

'브레인스토밍brainstorming'은 단순히 머릿속에서 떠오르는 생각들을 무작정 나열하는 것이 아니다. 여러 생각들 사이에서 중요한 연결고리를 찾아내고, 이를 통해 자신의 내면을 더 깊이 들여다보는 과정이다. 브레인스토밍을 통해 우리 안에 존재하는 근본적인 욕구와 가치관을 찾아냄으로써 평소에 미처 깨닫지 못했던 자신의 진정한 관심사와 열정을 발견할 수 있다. 더 나아가, 이렇게 발견한 열정이 자신의 목표와 어떻게 연결되어 있는지 이해하는 데도 도움이 된다. 예를 들어, '여행을 좋아한다'는 생각에서 출발해 브레인스토밍을 하다 보면, 실은 자신이 '새로운 문화를 경험하고 탐구하는 일'에 깊은 흥미를 느낀다는 걸 깨닫게 될지 모른다. 이런 깨달음은 단순한 취미를 넘어 새로운 진로를 모색하는 것으로 이어질 수 있다.

브레인스토밍이 효과를 발휘하기 위해서는 체계적이고 구조화된 접근이 필요하다.

가장 먼저 해야 할 일은 진심으로 관심 있는 모든 주제, 활동, 아이디어를 적어보는 것이다. 이때는 현실성이나 실용성은 잠시 접어두고, 그저 좋아하고 흥미 있는 것들을 마음껏 써 내려간다. 마치 어릴 적 꿈을 적듯이 자유롭게 적어보는 것이다. 이것이 바로 우리 안에 숨겨진 진짜 열정을 끄집어내는 첫 단추인 셈이다.

그 다음에는 각 관심사마다 '왜?'라는 질문을 던져본다. 마치 땅을 파고 들어가듯, 내적인 뿌리를 찾아가는 과정이다. '왜 이게 좋지?', '이 일의 어떤 부분이 그렇게 재밌지?'라는 식으로 파고들다 보면 자신이 진짜 원하는 것이 무엇이며, 왜 그것을 원하는지가 점점 또렷해진다.

이렇게 해서 '왜?'에 대한 답을 어느 정도 찾았다면, 이제 적어놓은 것들 사이에 공통점이나 연결고리는 없는지 살펴본다. 퍼즐을 맞추듯이 흩어진 관심사들이 어떻게 하나로 이어지는지 찾아보는 것이다. 그 과정에서 자신의 근본적인 관심사와 가치관이 보이기 시작하면, 이것이 자신의 개인적인 목표와 어떻게 연관되어 있는지에 관해서도 생각해 본다. 어쩌면 이런 관심사들이 사실은 하나의 큰 목표를 향해 가고 있음을 깨닫게 될지 모른다.

여기까지 왔다면, 관심사가 삶에 어떤 영향을 미치는지 생각해 볼 차례다. 일상생활에서, 직장에서, 또는 장기적인 목표를 이루는 데 어떤 도움이 될까? 이 같은 고민을 통해 단순한 관심사를 실제 이룰 수 있는 목표로 바꾼다.

마지막으로 각 관심사에 점수를 매겨본다. 어떤 주제나 활동을 생각하면 가장 설레고 힘이 나는가? 이렇게 우선순위를 정하면 어디에 시간과 노력을 쏟아야 할지 파악할 수 있다.

내면의 열정을 찾기 위한 브레인스토밍 5단계

관심 있는 것, 좋아하는 것, 흥미를 느끼는 것을 자유롭게 적는다
▼
위의 각 항목마다 '왜?'라는 질문을 던진다
▼
각 항목의 공통점이나 연결고리를 찾아본다
▼
각 항목이 실제 삶에 어떤 영향을 미치는지 생각한다
▼
가장 설레고 힘이 나는 순으로 점수를 매긴다.

무엇이 1등인가?

이런 과정을 거치다 보면, 처음엔 단순한 관심사로 보였던 것들이 사실은 삶의 중요한 방향타가 될 수 있음을 알게 될 것이다.

몰입의 치트 키, 열정의 대상을 찾아라

주의사항! 브레인스토밍으로 발견한 생산적 강박의 씨앗은 단순한 관심사나 취미 수준을 넘어서야 한다. 내면 깊숙이 자리 잡은 창조적 열정과 연결된 중요한 단서여야 하는 것이다.

칙센트미하이는 열정이 플로우 상태를 쉽게 유도할 수 있다고 보았다. 열정적인 활동이 플로우의 조건인 도전과 능력의 균형, 명확한 목표, 즉각적인 피드백을 자연스럽게 충족시켜 준다는 것이다.

실제로 열정적으로 활동할 때 우리 뇌에서는 도파민이 분비된다. 미국 밴더빌트 대학의 연구 결과, 열정적인 활동 중에는 도파민 분비가 증가하여 집중력과 동기 부여 수준이 높아지는 경향을 보였다.

여러 기능자기공명영상법(fMRI) 연구들 또한 열정적인 활동 중에 뇌의 여러 부분이 더 긴밀하게 연결된다는 걸 보여준다. 일례로, 펜실베이니아 주립대학의 로저 뷰티 교수의 연구에 따르면 창의적인 사고를 하는 동안 전두엽과 두정엽, 측두엽 사이의 연결성이 증가하였다. 이처럼 열정적인 활동은 뇌의 여러 영역을 효과적으로 연결하여, 정보 처리와 창의적 사고를 촉진한다.

열정이라는 씨앗은 우리의 내면 깊은 곳에 숨어 있다. 크든 작든 말이다. 이를 찾아내어, 싹을 틔워 가꾸고 키운다면 우리의 일상 속에서 큰 나무로 성장할 수 있다.

브레인스토밍은 이 씨앗을 찾아내고, 그 씨앗이 자랄 수 있는 환경을 조성하는 과정이다. 정원을 잘 가꾸면 다양한 꽃과 나무가 자라는 것과 같다. 기억하자. 우리 안에는 무궁무진한 가능성이 숨어 있으며, 브레인스토밍을 통해 그 가능성들을 발견하고 현실로 이끌어낼 수 있다는 것을!

진정한 열정 찾기: 관심사의 3가지 유형 구분하기

열정의 씨앗을 찾기 위해 가장 먼저 한 일을 기억하는가? 바로 관심사 목록을 작성하는 것이었다.

우리 모두는 다양한 관심사를 가지고 있다. 하지만 모든 관심사가 동등한 가치를 지니는 것은 아니다. 우리 가슴을 뜨겁게 만드는 관심사가 있는 반면, 어떤 것에는 의무감이나 인정받고 싶은 마음 때문에 관심을 갖게 되기도 한다. 그런가 하면 그저 눈길이 가는 정도의 미지근한 관심을 끄는 일도 있다. 이런 관심사들을 잘 구분해 내면 진짜 열정의 씨앗을 찾는 데 더욱 집중할 수 있을 것이다.

내적 동기로 인한 진정한 열정

내적 동기에서 비롯된 열정은 순수하고 강렬하다. 우리의 가슴을 진정으로 뜨겁게 만드는 관심사이다. 당신이 작성한 관심사 목록 중한 가지 항목이 다음과 특징을 지녔다면 그건 진정한 열정에 가까운 것으로 판단할 수 있다.

- 시간 가는 줄 모르고 몰입하게 된다.
- 외부의 보상 없이도 그 자체로 즐겁다.
- 어려움을 겪어도 포기하지 않고 계속하고 싶다.
- 이 일과 관련된 새로운 정보나 기술을 배우는 것이 즐겁다.
- 다른 사람들과 이 일에 대해 이야기하는 것이 신난다.

구분하는 방법 "돈을 받지 않아도 이 일을 계속할 수 있을까?"라고 자문해 보자. 그리고 관련된 활동을 할 때의 기분을 살펴보고, 이 일과 관련해 어려움이 생겼을 때 나의 반응을 관찰한다.

외적 동기에서 비롯된 관심사

외부의 보상이나 인정 때문에 관심을 갖게 된 분야다. 이로 인해 가슴이 뜨거워질 수 있지만, 그 열기의 원천이 다르다. 다음과 같은 특징이 있다면 진짜 열정의 대상은 아닐 가능성이 크다.

- 성취나 보상을 얻었을 때 큰 만족감을 느낀다.
- 다른 사람들의 인정이나 평가에 민감하게 반응하게 된다.

- 결과나 성과에 더 집중하게 되는 경향이 있다.
- 외부 요인이 사라지면 관심이 급격히 떨어진다.
- 경쟁 상황에서 더 큰 동기 부여를 받는다.

구분하는 방법 "보상이 없고 인정받지 못하더라도, 이 일을 계속할까?"라고 자문해 보자. 그리고 자신이 이 일에 대해 이야기할 때 무엇을 가장 강조하는지, 이 일과 관련해서 비판받았거나 실패했을 경우 어떤 반응을 보였는지도 관찰한다.

그저 그런 관심사

그저 해야 할 것 같아서, 또는 습관적으로 관심을 갖게 된 분야다. 특별한 열정이나 동기를 느끼지 못한다. 관심사 목록 중 다음과 같은 특징을 지닌 항목은 패스해도 좋다.

- 의무감이나 관성으로 인해 계속하고 있다.
- 특별한 즐거움이나 성취감을 느끼지 못한다.
- 쉽게 미루거나 포기하게 된다.
- 이 일과 관련된 새로운 것을 배우거나 발전하고자 하는 욕구가 적다.
- 이 일에 대해 이야기할 때 열정이 생기지 않는다.

구분하는 방법 "이 일을 하지 않아도 된다면 어떤 기분일까?"라고 상상해 보자. 그리고 할 때와 하지 않을 때의 감정 상태를 비교해 본다. 이 일에 시간을 투자하는 것이 가치 있다고 느껴지는가?

자, 이제 자신의 관심사들을 하나씩 살펴보자. 어떤 것이 가슴을 진정으로 뜨겁게 만드는가? 외부의 인정 때문에 관심을 가진 것은 무엇이며, 그저 의무감 때문에 붙잡고 있는 것은 또 무엇인가?

나만의 몰입 트리거를 찾아라

몰입 상태에 도달하기 위해 빠질 수 없는 조건이 있다. 바로 환경이다. 적절한 환경은 우리의 집중력을 높이고, 반대로 부적절한 환경은 집중을 방해할 수 있다. 따라서 몰입과 환경의 관계를 이해하고 최적의 조건을 찾는 것은 매우 중요하다.

나만의 몰입 트리거를 찾는 여정은 마치 보물 찾기와 같다. 그 보물은 당신의 집중력과 생산성을 비약적으로 향상시킬 열쇠이며, 이를 발견하는 과정은 자기 자신에 대한 깊은 이해를 필요로 한다.

우선, 자기 관찰부터 시작해 보자. 2주 동안 매일 자신의 집중도와 생산성을 꼼꼼히 기록해 보는 것이다. 언제, 어디서, 어떤 조건에서 가장 집중이 잘 되었는지, 주변 환경은 어땠는지, 그때의 감정 상태는 어떠했는지를 상세히 적어 나간다. 디지털 도구와 아날로그 도구의 사용에 따른 집중도 차이도 관찰해 볼 만하다. 작업 전 가벼운 운동이나 명상이 집중력에 미치는 영향, 특정 음식이나 음료가 집중력을 높이는지, 또는 방해하는지도 기록한다. 이 과정을 통해 자신의 작업 패턴과 선호도에 대해 많은 것을 알게 될 것이다.

다양한 몰입 트리거 실험해 보기

다음 단계는 다양한 환경을 실험해 보는 것이다. 카페, 도서관, 공원 등 여러 장소에서 작업을 해 보고, 각기 다른 배경음악이나 소리가 집중력에 미치는 영향을 관찰한다. 조명, 온도, 자세 등을 변경해 가며 최적의 조건을 찾아나가는 것도 중요하다. 이 과정에서 카페의 소음이 오히려 집중력을 높여준다거나, 혹은 완전한 고요함이 필요하다는 등의 발견을 할 수 있다.

한편, 감각적 트리거를 찾아보는 건 어떨까? 특정 향기나 촉각적 요소가 집중력을 높이는 데 도움이 되는 경우가 의외로 많다. 에센셜 오일이나 커피 향, 또는 특정 질감의 펜이나 키보드가 당신의 집중력을 끌어올리지는 않는지 실험해 보자. 필자의 지인 중에는 특정 서점의 향기가 몰입 트리거인 사람이 있다. 다행히도 그 서점에서 매장 향기를 향수로 시판하고 있어 잘 활용한다고 한다. 기계식 키보드의 소리와 타건감이 몰입의 트리거라는 사람도 있다.

시각 난서도 효과적일 수 있다. 집중을 상징하는 물건을 책상에 두거나 목표를 적은 카드를 눈에 띄는 곳에 붙여두는 것이다.

생체 리듬을 이해하고, 루틴을 활용하는 것도 중요하다. 아침형 인간인지 저녁형 인간인지, 하루 중 언제 가장 에너지가 넘치고 집중이 잘되는지를 파악하자. 이를 통해 가장 생산적인 시간대를 찾아 중요한 작업을 배치할 수 있다.

작업을 시작하기 전 특정 행동을 반복하여 루틴을 만드는 것도 좋다. 예를 들어, 물 한 잔을 마시거나 간단한 스트레칭을 하는 등의 행동을 지속적으로 반복하면, 뇌에 '지금부터 집중 시간'이라는 신호를 보내는 효과가 있다. 이는 파블로프의 개 실험과 유사한 원리로, 조건화를 통해 집중 상태로 빠르게 전환할 수 있게 해 준다.

마지막으로, 혼자 일할 때와 다른 사람과 함께 일할 때의 집중도 차이를 비교해 보자. '바디 더블직접 또는 가상으로 다른 사람과 함께 작업하여 집중력과 책임감을 유지하는 전략' 기법, 즉 다른 사람과 함께 작업하거나 아니면 같은 공간에 있으면서 그 곁에서 작업하는 방식을 시도해 보는 것도 좋은 방법이다.

이처럼 다양한 접근 방식을 통해 발견한 트리거들은 신경과학적으로도 그 효과가 입증되고 있다. 특정 트리거는 뇌의 전두엽을 활성화시켜 주의집중을 향상시키고, 도파민과 같은 신경전달물질의 분비를 촉진하여 동기 부여와 만족감을 높인다. 또한, 반복적인 트리거 사용은 뇌의 신경 가소성을 통해 더 빠르고 효과적인 집중 상태 진입을 가능하게 한다.

자신만의 몰입 트리거를 찾는 과정은 시간이 걸리고 꾸준한 노력이 필요하지만, 그 결과는 분명 가치 있을 것이다. 발견한 트리거를 일관성 있게 사용하고, 여러 트리거를 조합하여 시너지 효과를 찾아보자. 또한 주기적으로 트리거의 효과를 재평가하고 필요시 조정하는 것도 잊지 말자.

불안 강박 vs.
생산적 강박

생산적 강박을 제대로 이해하려면, 먼저 불안에서 비롯된 강박과 분명히 구분할 필요가 있다. 둘 다 강한 내적 압박을 동반하지만, 그 본질과 결과는 완전히 다르기 때문이다. 마치 같은 재료를 사용해도 전혀 다른 요리가 나오는 것과 같다. 재료는 같을지 몰라도, 결과적으로는 전혀 다른 맛이 날 수 있다.

불안 강박: 두려움의 지배를 받는 마음

불안 강박은 대개 부정적인 결과를 피하려는 행동으로 나타난다. 이는 두려움에 뿌리를 두고 있으며, '이걸 안 하면 어쩌지?'라는 생각에 끊임없이 시달린다. 가령, 계속해서 SNS나 이메일을 확인하는 행동은 중요한 정보를 놓칠까 봐 불안해하는 마음에서 비롯된다. 이는 편도체 같은 뇌의 감정 처리 영역이 활성화되면서 나타나는 반응이다. 편도체는 뇌의 경보 시스템과 같아서, 위협을 느끼면 즉각 반응하게 한다.

이러한 불안 강박은 단기적으로는 안도감을 줄 수 있지만, 장기적으로는 지속적인 불안과 스트레스를 부른다. 불을 끄려고 물을 부었지만, 잔불이 계속 남아있는 것과 비슷하다. 잠시 문제가 해결된 것 같아도 근본적인 불안이 해소되지 않으면 언제든 다시 불안의 불씨가 타오를 수 있다.

불안 강박의 또 다른 특징은 그 행동이 주로 반복적이고 비생산적이라는 점이다. 예를 들어, 완벽주의에 빠진 사람이 보고서를 끊임없이 고치는 행동은 실제로 보고서의 질을 크게 높이지 않는 데 비해 많은 시간과 에너지를 잡아먹는다. 즉, 많은 노력을 들이지만 실질적인 진전은 없는 셈이다.

게다가 불안 강박은 창의성과 혁신을 가로막을 수 있다. 실패에 대한 두려움이 크면 새로운 시도를 하기 어렵고, 안전한 선택만 고집하게 된다. 익숙한 방식만 고수하다 보면 더 나은 결과를 위한 새로운 방법을 찾기 어렵다.

생산적 강박: 열정과 몰입의 산물

반면, 생산적 강박은 긍정적인 결과를 얻으려는 행동으로 나타난다. 이는 '어떻게 하면 이걸 더 잘할 수 있을까?'라는 질문을 중심으로 움직인다. 예를 들어, 새 프로젝트 아이디어를 끊임없이 생각하고 메모하는 행동은 창의적 성취에 대한 열망에서 비롯된다. 이 과정에서 활성화되는 뇌 영역은 전전두피질 같은 고차원적 인지 기능을 담당하는 부분이다. 전전두피질은 계획, 문제 해결, 창의적 사고 등을 관장하며, 우리 행동을 목표 지향적으로 이끈다.

생산적 강박은 불안 강박과 달리, 그 자체로 긍정적인 에너지를 만들어낸다. 이는 강력한 엔진을 가진 차가 높은 속도를 유지하며 안정적으로 달리는 것과 같다. 엔진이 계속 강한 출력을 내는 동안, 차는 목적지까지 빠르고 효율적으로 갈 수 있다. 마찬가지로, 생산적 강박은 우리를 더 높은 성취와 만족으로 이끈다.

불안 강박과 생산적 강박의 차이점

불안 강박과 생산적 강박의 가장 큰 차이점 중 하나는 감정 상태와 결과이다. 불안 강박은 주로 스트레스와 긴장을 불러일으키며, 그러한 강박적인 행동의 결과는 일시적인 안도감을 줄 뿐이다. 마치 마라톤을 뛰면서 계속 뒤를 돌아보는 것과 같다. 뒤를 돌아보면 일시적으로 안심

할 수 있지만, 집중력이 흐트러지고 페이스가 흔들릴 수 있다.

반면에, 생산적 강박은 흥분과 몰입의 감정을 불러일으키며, 이는 성취감과 개인적 성장으로 이어진다. 마라톤에서 자신이 목표한 페이스에 맞춰 달리며, 목표 지점을 향해 한 걸음 한 걸음 나아가는 것과 같다. 마라톤이 끝났을 때 느끼는 성취감과 자기 자신에 대한 자부심은 불안 강박과는 비교할 수 없는 깊은 만족을 준다.

특성	불안 강박	생산적 강박
동기	두려움, 불안	열정, 호기심
감정 상태	스트레스, 긴장	흥분, 몰입
결과	일시적 안도감, 지속적 불안	성취감, 개인적 성장
유연성	경직됨, 변화에 저항성	유연함, 적응적
장기적 영향	에너지 소진, 스트레스 증가	기술향상, 자아실현

불안 강박과 생산적 강박, 무엇이 다를까?

또 다른 중요한 차이점은 유연성이다. 불안 강박은 종종 경직되고, 변화에 저항하는 특성을 보인다. 그런 이유로 불안 강박에 사로잡힌 사람은 예상치 못한 상황에 맞닥뜨리면 쉽게 당황하고 무력감을 느낀다. 익숙한 방식이 통하지 않으면 어찌할 바를 모르고 주저앉기 쉽다. 게다가 불안 강박은 종종 완벽주의와 연결되어 있어 '모 아니면 도' 식의 사고방식을 낳는다. 이로 인해 작은 실수나 실패도 크게 받아들여, 전체 과정을 망쳤다고 여기게 된다.

반면에, 생산적 강박은 유연하고 적응력이 뛰어나다. 주어진 상황에 맞춰 계획을 수정하고, 목표를 향해 끊임없이 나아가는 성향을 보인다. 예상치 못한 상황을 오히려 기회로 삼으며, 실수를 학습의 기회로 여긴다. 완벽함을 추구하되, 그것이 행동을 막는 장애물이 되지 않도록 한다.

유연성은 불확실성으로 가득한 현대 사회에서 매우 중요한 능력이다. 생산적 강박이 가진 유연성은 변화하는 환경에 빠르게 적응하고 지속적으로 성장하는 데 도움이 될 것이다.

불안 강박과 생산적 강박의 뇌과학적 차이

불안 강박과 생산적 강박은 감정적 차이뿐만 아니라, 뇌의 다른 영역을 활성화시킨다는 점에서도 명확히 구분된다. 앞서 말했듯, 불안 강박은 주로 편도체 같은 뇌의 감정 처리 영역을 활성화시킨다. 편도체는 위협을 감지하고, 이에 대한 즉각적인 반응을 유도하는 역할을 한다. 이는 계속 긴장 상태를 유발하며, 이러한 상태가 오래되면 스트레스 호르몬인 코티솔의 분비를 촉진해 몸과 마음이 지치게 된다.

반면에, 생산적 강박은 전전두피질 같은 고차원적 인지 기능을 담당하는 영역을 활성화시킨다. 전전두피질은 목표 설정, 계획 수립, 문제 해결 등의 기능을 맡고 있으며, 행동을 전략적으로 이끄는 역할을 한다. 이로 인해 생산적 강박은 우리 뇌를 최적의 상태로 유지시키며, 이를 통해 창의적이고 효율적인 문제 해결이 가능해진다.

불안에서 열정으로: 전환의 기술

생산적 강박을 개발하고 유지하기 위해서는 자신의 행동과 동기를 세심하게 관찰하고, 불안에서 비롯된 행동을 열정에서 나온 행동으로 바꾸는 노력이 필요하다. 이는 단순히 행동을 바꾸는 것이 아니라, 근본적인 사고방식과 감정적 접근을 변화시키는 과정이다. 마치 오래된 집을 리모델링하는 것처럼, 기존의 구조를 새롭게 다듬고 강화하여 더 나은 환경을 만드는 과정이 필요하다.

이 과정에서는 자신이 어떤 상황에서 불안을 느끼는지, 그 불안이 어떻게 행동으로 나타나는지를 파악하는 것이 중요하다. 이를 통해 불안 강박의 원인을 이해하고, 이를 긍정적이고 생산적인 에너지로 바꾸는 방법을 찾을 수 있다. 이러한 노력에는 시간과 인내가 필요하지만, 그 결과는 분명 가치 있을 것이다. 불안 강박에서 생산적 강박으로의 전환은 단순히 일의 효율을 높이는 것을 넘어, 우리 삶의 질을 전반적으로 향상시키는 근본적인 변화가 될 것이다.

강박은 어떻게 강력한 동기가 되는가: 피카소의 사례

20세기의 가장 영향력 있는 예술가 중 한 명인 파블로 피카소는 시각 예술의 대가일 뿐만 아니라, 자신의 정신을 다루는 데도 능숙했다. 그의 창의적 접근법은 강렬한 집중력과 끊임없는 작업 열정을 결합한 것으로, 생산적 강박을 어떻게 활용할 수 있는지에 대한 훌륭한 본보기다.

이제 피카소가 창작에 대한 강박을 어떻게 예술적 천재성을 발휘하는 원동력으로 삼았는지 살펴보자. 그의 방식을 통해, 우리 또한 내면의 생산적 동기를 활용하여 창의성, 혁신, 그리고 궁극적으로는 개인적인 변화를 이끌어낼 수 있는 방법을 배울 수 있을 것이다.

기회는 끊임없이 일하는 사람에게만 의미를 가진다

피카소는 "영감은 존재하지만, 일하는 사람에게만 찾아온다"라는 유명한 말을 남겼다. 이 말은 그의 창의성에 대한 철학을 잘 보여준다. 많은 예술가들이 영감을 기다리는 것과 달리, 피카소는 꾸준하고 체계적인 작업이 아이디어를 만들어 내고 혁신으로 이어진다고 믿었다. 그의 일상은 결코 평범하지 않았다. 그는 하루 14시간, 일주일 내내 거의 강박적인 집중 상태로 작업에 몰두했다.

이런 꾸준한 몰입은 단순히 더 많은 작품을 만들기 위한 것이 아니었다. 영감이 자연스럽게 솟아날 수 있는 토양을 만들기 위한 것이었다. 피카소는 언제든 창의성이 흐를 수 있도록 항상 예술에 몰입함으로써 정신을 훈련했다. 그는 이러한 과정을 통해 창의성이 자연스럽고 끊임없이 흘러나올 수 있는 환경을 조성했다.

피카소의 훈련 방식은 독특했다. 전통적인 방법이 반복적인 연습이나 특정 기술을 연마하는 데 중점을 두었다면, 피카소는 예술에 끊임없이 적극적으로 참여하는 것의 힘을 믿었다. 단순히 기술을 연습하는 것을 넘어, 그는 창작 과정 자체에 완전히 몰입하는 것을 중요시했다.

파리에서의 초기 시절, 피카소의 일상은 매우 단순하고 고되었다. 일어나서 일하고, 잠드는 것뿐이었고, 그 패턴은 거의 변하지 않았다. 피카소의 친구이자 룸메이트였던 막스 자콥은 피카소가 지치지 않고 작업에 몰두해 스케치북을 아이디어와 그림으로 채웠던 모습을 회고한

바 있다. 이러한 끊임없는 노력은 창의적인 감각을 항상 유연하게 유지하기 위한 것이었다.

피카소의 접근 방식은 마치 운동선수의 훈련과도 같다. 마라톤 선수가 지구력을 키우기 위해 매일 긴 거리를 달리듯, 피카소는 예술에 꾸준히 몰두하며 창의적 감각을 갈고닦았다. 창작을 습관으로 삼음으로써, 그는 언제나 새로운 시도를 할 준비를 해 둔 것이었다.

몰입 연습

피카소의 특징 중 하나는 특정 주제나 기법, 또는 특정 시기에 깊이 몰입하는 능력이었다. 이러한 몰입을 통해 피카소는 기존 개념을 철저히 탐구하고, 창의성의 한계를 뛰어넘어 현대 미술에서 가장 획기적인 작품들을 만들어낼 수 있었다.

피카소의 '청색 시대1901~1904년'는 이러한 몰입이 두드러진 시기 중 하나였다. 절친한 친구인 카를로스 카사헤마스가 자살한 후, 피카소는 깊은 우울감에 빠졌고, 이는 그의 작품에 고스란히 반영되었다. 거의 4년 동안 피카소는 주로 파란색과 청록색을 사용하여 그림을 그렸으며, 다른 색은 드물게 등장했다. 이 시기의 작품들은 색채를 탐구했다기보다는, 피카소가 예술을 통해 슬픔과 고통을 처리하는 깊은 감정적 여정을 보여준다.

이 '파란 세계'에 몰입한 덕분에 피카소는 자신의 감정을 작품에 쏟아낼 수 있었고, 고통과 절망이라는 보편적인 주제를 예술로 표현해 내며 큰 울림을 주었다. 이 집중적인 몰입의 시기를 통해 피카소는 이후 작품에 영향을 미치는 독특한 스타일을 개발해 냈고, 유례없는 예술가로 자리매김할 수 있었다.

"내일로 미룰 수 있는 일은 죽을 때까지 미룰 수 있는 일"

이는 피카소의 유명한 말 중 하나이다. 그의 생산적 강박은 여러 시기에 걸쳐 나타났으며, 예술에 대한 몰입적이고 혁신적인 접근은 그의 가장 중요한 작품들로 이어졌다.

피카소의 생산적 강박을 보여주는 가장 유명한 작품 중 하나는 '아비뇽의 처녀들1907년'일 것이다. 입체파큐비즘의 선구적 작품으로 여겨지는 이 그림은 집중적인 작업과 수정을 거쳐 탄생한 획기적인 작품이다.

피카소는 수개월 동안 수백 장의 스케치와 연구를 통해 끊임없이 구도와 인물을 수정했다. 그는 작업이 끝날 때까지 스스로 작업실에 고립된 채 지내며, 가장 가까운 친구들에게도 작품을 보여주지 않았다. 이 시기의 작업은 강박에 가까울 정도로 몰입된 상태에서 이루어졌고, 기존의 관점과 표현 방식을 근본적으로 깨뜨리며 현대 미술의 전환점을 마련했다.

'아비뇽의 처녀들'의 제작 과정은 피기소가 어떻게 생산적 강박을 통해 예술의 경계를 확장했는지 잘 보여준다. 그는 이 과정에 완전히 몰입함으로써 기존의 규범에서 벗어나 완전히 새로운 것을 창조해 낼 수 있었다.

한편, '게르니카1937년'는 피카소의 생산적 강박을 보여주는 또 다른 강렬한 사례다. 1937년, 피카소는 파리 세계 박람회 스페인관을 위한 벽화를 의뢰받았지만, 처음에는 별다른 영감을 얻지 못했다. 그러다 나치 독일과 파시스트 이탈리아가 바스크 지역의 작은 마을 게르니카를 폭격했다는 소식을 듣고, 비로소 붓을 들었다.

피카소는 강력한 반전 메시지를 담아내기 위해 수많은 스케치와 연구를 거듭하며 단 5주 만에 이 거대한 벽화를 완성했다. 그는 거의 쉬지 않고 작업에 몰두했고, 전쟁에 대한 반감을 표현하는 데 온 열정을 쏟았다. 그 결과, '게르니카'는 역사상 가장 유명하고 감동적인 반전 회화로 평가받는 기념비적인 작품으로 탄생했다.

피카소가 우리에게 알려주는 것들

피카소의 방식에서 찾아낸 생산적 강박의 노하우를 살펴보자.

규칙적인 연습을 습관으로 만들 것

피카소는 영감이 떠오르든 그렇지 않든 상관없이, 꾸준히 창작에 몰입하는 것이 중요하다고 강조하곤 했다. 창의적인 작업이든 일상적인 업무든, 매일 꾸준히 실천하며 습관으로 만들면 결국 우리 몸과 마음이 그 일에 익숙해지기 마련이다. 그러면 영감이 떠오르지 않는 날에도, 컨디션이 좋지 않은 날에도 자연스럽게 일에 착수할 수 있다. 이렇게 꾸준한 습관이 쌓이면, 언제 어떤 상황에서든 효율적으로 작업할 수 있는 최적의 상태를 유지할 수 있다.

깊이 몰입하는 것을 두려워하지 말 것

어떤 주제나 기술에 깊이 빠져드는 것을 두려워하지 말자. 이러한 집중의 순간들은 획기적인 혁신과 개인적인 변화를 이끌어 낼 수 있다. 일례로, 피카소는 청색 시대나 입체파와 같은 특정 주제와 기법에 집중함으로써 기존의 예술적 경계를 허물고 새로운 미술 흐름을 창조해 냈다. 이러한 몰입은 피카소를 단순한 화가가 아닌, 예술적 혁신을 이끈 선구자로 자리매김하게 했다.

변화를 자기 실현의 여정으로 생각할 것

피카소는 각 시기마다 예술적 표현뿐만 아니라 자신의 내면 철학과 세계관까지도 변화시켰다. 청색 시대는 개인적인 슬픔과 고독을 반영한 시기였고, 입체와 시기는 세상을 새로운 시각으로 바라보려는 그의 혁신적인 사고를 담고 있다. 이처럼 강렬한 창작의 시기는 개인의 작품 뿐만 아니라 내면과 삶 자체를 변화시킬 수 있는 힘을 지닌다.

이처럼 변화를 창의성, 자기계발, 나아가 자기 실현을 위한 여정의 일부로 받아들이자. 피카소가 그의 삶과 작품을 통해 보여준 것처럼, 창의성에 몰입하는 과정에서 스스로를 재발견하고 더 나은 방향으로 변화할 수 있다.

다양한 접근법을 시도해 볼 것

피카소는 한 가지 매체에 갇혀 있거나 지친 느낌이 들면 종종 다른 매체로 전환하여 정신적인 '휴식'을 취하면서 생산적인 흐름을 유지했다. 1912년 여름, 그림에 갇혀 있다고 느껴지자 콜라주로 눈을 돌렸던 것이 그 예이다. 피카소가 매체를 전환했던 것처럼, 막막함을 느낄 때 접근 방식이나 도구를 다양하게 시도해 보는 어떨까? 이렇게 하면 창작의 동력을 유지하고 번아웃을 예방하는 데 도움이 될 수 있다.

환경을 바꿔볼 것

잠시라도 주변 환경을 바꾸면 새로운 시각과 함께 창의적인 에너지를 얻을 수 있다. 물리적인 변화를 정신적인 리셋으로 활용해 보자. 예를 들어, 피카소는 종종 작업실을 바꾸거나 새로운 장소로 이동하여 작품 활동을 이어갔다. 새로운 환경에서 얻은 영감을 통해 그는 독창적인 아이디어를 떠올리고 이를 작품에 반영할 수 있었다. 이처럼 환경을 바꾸는 것은 사고방식을 새롭게 하고, 창의적 잠재력을 극대화하는 데 큰 도움이 된다.

협력하고 교류할 것

다른 사람들과의 교류는 작업에서 느끼는 고독함과 집착을 덜어주고, 동시에 생산성을 유지하는 데도 도움이 된다. 또한 협업은 새로운 아이디어와 관점을 불어넣어 준다. 피카소 역시 여러 예술가들과의 협업을 통해 예술적 경계를 확장했다. 그는 조르주 브라크와 함께 입체파를 발전시키며 서로의 아이디어를 결합해 혁신적인 예술적 성과를 이루어냈다. 이처럼 협력은 개인의 한계를 넘어 새로운 가능성을 열어주고, 창의성을 극대화할 기회를 제공한다.

피카소의 삶과 작품은 생산적 강박이 창의성과 혁신을 지속적으로 발휘하는 원동력일 수 있음을 보여준다. 한편, 피카소는 작업에 완전히 몰입하는 동시에, 적절한 시점에 한 발 물러서서 시야를 전환하는 능력으로 오랜 경력 동안 끊임없이 놀라운 작품을 선보일 수 있었다.

피카소의 접근 방식에서 배울 수 있는 중요한 교훈은 균형의 중요성이다. 일에 몰두하는 것은 놀라운 결과를 가져올 수 있지만, 언제 어떻게 벗어나야 하는지 아는 것도 중요하다. 몰입과 해방, 강렬한 집중과 전략적 휴식 사이의 이 균형은 피카소가 평생 창의성을 유지하고 예술가로서 끊임없이 성장할 수 있었던 비결 중 하나였다.

이 원칙을 이해하고 적용한다면 우리도 생산적 강박을 통해 삶과 일에서 성과를 이룰 뿐만 아니라, 끊임없이 변화하고 성장하기 위한 잠재력을 발전시킬 수 있을 것이다.

분초형 인간,
그 너머의 삶

디지털 시대의 끝없는 정보의 홍수 속에서 우리는 마치 시간이라는 급류에 휩쓸린 채 필사적으로 헤엄치는 듯한 나날을 보내고 있다. '여는 글'에서 언급했던 카페의 풍경을 기억하는가? 휴식을 위해 찾은 공간에서조차 끊임없이 울려대는 알림음으로 인해 주의는 이리저리 흩어진다. 이제 그 카페에서의 한 장면을 새롭게 떠올려 보자.

이번에는 조금 다르다. 여전히 그 카페에 앉아 있지만, 이번에는 휴대폰이 무음 모드로 설정되어 가방 속에 있다. 손에는 책을 들고 있고, 가끔 고개를 들어 창밖의 풍경을 바라본다. 아메리카노의 향이 공간을 채우고, 당신은 깊은 생각에 잠긴다. 이 순간이야말로 우리가 이 책을 통해 이루고자 했던 것이다.

지금까지 '분초형 인간'이라는 개념과 함께, 현대 사회에서 시간을 어떻게 효율적으로 관리할 수 있는지에 대해 깊이 있게 탐구하고 다양한 전략들을 소개했다. 그러나 이 모든 것의 궁극적인 목적은 더 많은 일을 해내는 것이 아니다. 우리의 삶을 더욱 풍요롭고 의미 있게 만들기 위함이다.

이제 우리는 알고 있다. 진정한 시간의 마스터는 그저 빠르게 움직이는 사람이 아니라, 중요한 것에 집중할 줄 아는 사람이라는 것을. 시간을 최대한 활용한다는 것은 모든 순간을 일로 채우는 것이 아니라, 각 순간의 가치를 극대화하는 것임을.

우리가 배운 기술들, 즉 마이크로 모먼트의 활용, 시간분할과 시간 상자 기법, 루틴과 생산적 강박 등은 결국 하나의 목표를 향한다. 그것은 바로 자신의 가치와 목표에 맞게 삶을 디자인하는 것이다. 분초형 인간이 되는 것은 단순히 바쁘게 사는 것이 아니라, 의도적으로 살아가는 것이다.

그럼 이제 당신만의 시간 혁명을 시작해 보자. 매 순간을 의식적으로 살아가고, 진정으로 중요한 것에 집중하자.

그리고 기억하자. 시간은 우리 모두에게 평등하게 주어지지만, 그 시간을 어떻게 사용하느냐에 따라 인생은 완전히 달라질 수 있다는 것을.

각자의 시간을 어떻게 채워나갈지는 온전히 각자의 몫이다. 풍요롭고 의미 있는 삶을 향한 당신의 여정을 응원한다.

분초형 인간의 실천편 : 30일 마스터 챌린지 프로그램

이 30일 마스터 챌린지는 마이크로 모먼트의 시대에 걸맞은 시간관리 전략을 습득하고, 자신만의 갓생 루틴을 만들며, 생산적 강박을 개발하여 궁극의 효율성을 달성하도록 도와줄 것이다. 매일 아침에 당일에 주어진 미션들을 확인한 후 저녁에는 실천 여부를 체크박스에 기록하고, 질문에 답해 보자.

1주차 시간 인식과 관리의 혁명 　　　월 　　　번째 주

✓ **DAY 1~2** 마이크로 모먼트 인식하기

☐ 스마트폰 사용 시간 추적 앱을 설치한다.

☐ 하루 동안 모든 디지털 기기 사용을 기록하고 분석한다.

☐ 가장 많은 시간을 소비하는 앱과 활동을 파악한다.

가장 많은 시간을 소비하는 앱과 활동은? ....

....

✓ **DAY 3~4** 80/20 법칙 적용하기

☐ 일상 활동을 나열하고 각각의 중요도와 결과를 평가한다.

☐ 가장 큰 영향을 미치는 20%의 활동을 식별한다.

☐ 이 20%에 집중할 수 있는 전략을 세운다.

20%의 활동은 무엇이며 집중하기 위한 전략은? ....

....

✓ **DAY 5** 아이젠하워 매트릭스 작성

☐ 모든 할 일을 중요도와 긴급성에 따라 4분면에 배치한다.

☐ A분면의 일(중요하고 긴급한 일)에 집중하면서, 우선순위에 따라 시간을 할당한다.

☐ 오늘 하루 A분면과 B분면의 일을 얼마나 했는지 점검하고, C분면의 일을 얼마나 위임했으며, D분면의 일은 확실히 제거했는지 확인한다.

마지막 항목에 대한 점검 결과

_____

_____

_____

_____

✓ **DAY 6 ~ 7** 파킨슨의 법칙 실험

☐ 평소 2시간 걸리던 작업에 1시간만 할당한다.

☐ 시간 제약이 생산성에 미치는 영향을 관찰한다.

☐ 작업 완료 후 결과의 질을 평가하고 개선점을 찾는다.

결과는 어떠했으며, 개선할 점은 무엇인가?

_____

_____

_____

_____

_____

✓ **DAY 8 ~ 9**   시간분할 기법 마스터하기

☐ 하루를 2시간 단위로 나누어 계획을 세운다.

☐ 각 블록에 특정 작업이나 활동을 할당한다.

☐ 블록 사이에 10분의 버퍼 타임을 두어 유연성을 확보한다.

✓ **DAY 10 ~ 11**   시간상자 기법 적용하기

☐ 중요한 작업 3개를 선택하고 각각에 정확한 시간을 할당한다.

☐ 타이머를 설정하고 할당된 시간 동안 집중적으로 작업한다.

☐ 시간이 다 되면 즉시 작업을 멈추고 다음 작업으로 넘어간다.

✓ **DAY 12 ~ 13**   시간분할과 시간상자 기법 결합하기

☐ 2시간블록 내에서 25분 작업 후 5분 휴식의 포모도로 기법을 적용한다.

☐ 각 포모도로 세션에 구체적인 목표를 설정한다.

☐ 4개의 포모도로 세션 후 30분의 긴 휴식을 취한다.

✓ **DAY 14**   미니멀 태스크와 마이크로 목표 설정

☐ 큰 프로젝트를 20분 이내에 완료할 수 있는 작은 작업들로 나눈다.

☐ 각 미니멀 태스크에 대한 구체적인 완료 기준을 정한다.

☐ 하루 동안 최소 5개의 미니멀 태스크를 완료하는 것을 목표로 한다.

2주차의 도전은 어떠했는가? ....

....

✓ **DAY 15 ~ 16** 70일의 약속 설계하기

☐ 70일 동안 이루고 싶은 3가지 주요 목표를 설정한다.

☐ 각 목표에 대한 일일 실천 항목을 정한다.

☐ 70일간의 진행 상황을 추적할 수 있는 시각적 도구를 만든다.
   (예: 달력 혹은 다이어리를 이용한 습관 트래커)

주요 목표 3가지는 무엇인가? ....

....

✓ **DAY 17 ~ 18** 내적 동기 발견하기

☐ 자신이 가진 욕구, 그리고 이루고자 하는 뚜렷한 목표에 대해 탐구한다.

☐ 응원하고 격려해 줄 사람들을 찾아본다.

☐ 시작하기에 앞서, 가장 먼저 성취해 내야 할 작은 목표를 설정한다.

가장 먼저 달성해야 할 목표는? ....

....

✓ **DAY 19 ~ 21** 아침 루틴 최적화하기

☐ 기상 시간을 _____분 앞당기고 그 시간을 자기계발에 투자한다.

☐ 명상, 운동, 독서, 저널링 중 자신에게 맞는 활동을 선택한다.

☐ 3일 동안 다른 아침 루틴을 시도하고 가장 효과적인 조합을 찾는다.

최적의 아침 루틴은? ....

....

✓ **DAY 22** 퍼포먼스를 위한 루틴 개발

☐ 자신의 생체 리듬을 분석하고 최고의 생산성을 보이는 시간대를 파악한다.

☐ 이 시간대에 가장 중요하고 창의적인 작업을 배치한다.

☐ 에너지 관리를 위한 전략(예: 파워 낮잠, 간식 시간)을 루틴에 포함시킨다.

4주차 생산적 강박과 시간 해킹 ＿＿＿월 ＿＿＿번째 주

✓ **DAY 23~24** 도파민 활용하기

☐ 작은 성취에 대한 즉각적인 보상 시스템을 만든다.

☐ 큰 목표를 작은 단계로 나누고 각 단계 완료 시 도파민 촉진 활동을 한다.

　　(예: 좋아하는 음악 듣기, 좋아하는 간식 먹기 등)

☐ 하루의 성취를 기록하고 시각화하는 습관을 들인다.

두 번째 항목과 관련하여, 자신에게 어떤 선물을 주었는가? ....

....

✓ **DAY 25~ 26** 생산적 강박 개발하기

☐ 자신의 열정 프로젝트를 선정하고 매일 최소 1시간을 투자한다.

☐ 프로젝트와 관련된 구체적인 마일스톤과 데드라인을 설정한다.

☐ 생산적 강박의 원리를 이용한 시간상자 기법을 1개 이상 실험해 본다.

　　(221~228페이지 참고)

어떤 시간상자 기법을 실험해 보았는가? 소감은? ....

....

✓ `DAY 27~28` 치트 키 찾기

☐ 자신만의 '몰입 트리거'를 찾는다. (예: 특정 음악, 향, 장소 등)

☐ 이 트리거를 활용하여 빠르게 집중 상태에 들어가는 연습을 해 본다.

나의 몰입 트리거는 무엇인가? ....

....

✓ `DAY 29` 불안 강박 vs. 생산적 강박 구분하기

☐ 자신의 강박적 행동을 나열하고 각각이 불안에서 비롯된 것인지, 열정에서
비롯된 것인지 분석한다.

☐ 불안 강박을 생산적 강박으로 전환할 수 있는 방법을 모색한다.

나의 강박적 행동은 무엇이며, 불안과 열정 중 어디에서 비롯되었는가? ....

....

✓ `DAY 30` 종합 및 장기 계획 수립

☐ 30일간의 경험을 되돌아보고 가장 효과적이었던 전략들을 정리한다.

☐ 앞으로의 100일, 1년을 위한 구체적인 시간관리 및 생산성 향상 계획을 수
립한다.

☐ 지속적인 성장과 효율성 향상을 위한 주간, 월간 리뷰 시스템을 구축한다.

가장 효과적이었던 전략은 무엇인가? ....

....

....

....

✓ **PLUS TIP 1**   디지털을 활용하기

☐ 생산성 앱, AI 어시스턴트 등 디지털 앱을 적극적으로 활용하기 위한 방안
　을 만든다.

☐ 소셜미디어를 활용하여 책임감을 고취시키는 시스템을 만드는 것도 좋다.
　(예: 인스타그램 스토리로 일일 목표와 달성 여부를 공유한다.)

✓ **PLUS TIP 2**   마이크로 모먼트 최적화하기

☐ 이동 시간, 대기 시간 등 자투리 시간을 위한 미니멀 태스크 리스트를 만들
　어 본다.

☐ 스마트폰 홈 화면을 생산성 중심으로 재구성한다.

✓ **PLUS TIP 3**   디지털 디톡스 실천하기

☐ 매일 1시간의 '노 스크린 타임'을 설정한다.

☐ 주말 하루는 '디지털 프리 데이'로 지정하고 오프라인 활동에 집중한다.

✓ **PLUS TIP 4**   지속적으로 학습하고 적응하기

☐ 새로운 생산성 기법과 도구에 대해 주기적으로 학습한다.

☐ 자신의 시간관리 전략을 주기적으로 평가하고 조정한다.

체크한 항목 중 한 가지를 선택하라. 어떤 경험이었는가? ....

....

....

....